CAC岗位就业实训精品课程系列教材

商务助理

主　编：雷　蕾

参　编：赵永秀　赵建学　刘　俊　王　玲　况　平
　　　　段青民　杨冬琼　柳景章　黄　河　李　亮
　　　　李冰冰　江美亮　邓清华　赵仁涛　谭双可
　　　　韦厚娟　许　华　刘　军　匡仲潇　滕宝红

中国劳动社会保障出版社

图书在版编目(CIP)数据

商务助理/雷蕾主编. —北京：中国劳动社会保障出版社，2011
CAC岗位就业实训精品课程系列教材
ISBN 978-7-5045-8906-4

Ⅰ.①商… Ⅱ.①雷… Ⅲ.①商务工作-教材 Ⅳ.①F715

中国版本图书馆CIP数据核字(2011)第027365号

中国劳动社会保障出版社出版发行
(北京市惠新东街1号 邮政编码：100029)
出 版 人：张梦欣
*
北京北苑印刷有限责任公司印刷装订 新华书店经销
787毫米×1092毫米 16开本 13印张 251千字
2011年3月第1版 2011年3月第1次印刷
定价：28.00元

读者服务部电话：010-64929211/64921644/84643933
发行部电话：010-64961894
出版社网址：http://www.class.com.cn

版权专有 侵权必究
举报电话：010-64954652

如有印装差错，请与本社联系调换：010-80497374

CAC岗位就业实训精品课程系列教材编委会

顾　问：宋　建　王锡赞

主　编：周怀军

编　委（按姓氏笔画排序）

　　　　于大海　马庆华　王自明　王爱欣　石　涛
　　　　刘东明　刘光生　李宗林　李晓昌　肖　勇
　　　　张玉杰　张海让　陈立军　周卫国　侯思阳
　　　　耿晓亮　黄　鑫　韩汝平　霍　红

内容简介

本教材在编写中贯穿"以企业需求为导向，以职业能力为核心"的理念，详细介绍商务助理的岗位职责，并进行实务演练。全书按岗位职责分为七个部分，主要内容包括：管理商务信息、安排商务会议、参加商务展销会、进行商务谈判、组织商务公关专题活动、组织商务典礼与仪式、安排商旅活动。

为便于读者迅速抓住重点、提高学习效率，教材中还精心设置了"基础技能要点""核心技能要点""老C提醒"等栏目。每一岗位职责后提供习题，书后附2套模拟试卷，供读者巩固、检验学习效果时参考使用。

本教材可作为大中专院校国际贸易相关专业学生从事商务助理工作的入职培训教材，也可作为相关专业院校的专业实训教材，还可供商务助理从业人员参加岗位技能培训使用。

序

职业教育和职业培训是国民教育事业的重要组成部分,在实施科教兴国战略和人才强国战略中具有特殊的重要地位,是促进经济社会发展和劳动就业的重要途径。《国务院关于大力发展职业教育的决定》提出"要把发展职业教育作为经济社会发展的重要基础和教育工作的战略重点",体现了党中央、国务院对发展职业教育的高度重视。职业教育和职业培训的根本任务,就是培养适应现代化建设需要的高技能专门人才和高素质劳动者。因此,职业教育特别是职业培训要从劳动力市场的实际需要出发,坚持就业导向,着力加强劳动者的实际技能,全面提高劳动者的综合素质。

"CAC 岗位就业实训精品课程"正是为了适应职业教育发展与改革的新形势而推出的,目的在于培养符合企业实际和劳动力市场需求的技能型人才。

要提高培训质量,课程体系的构建和教材的建设是关键。当然,教师队伍建设、教学实践基地建设也是办好职业培训所不可或缺的。但是作为知识和思想的载体,以及来自实践又能指导实践的教材,既具有基础性又具有前瞻性的特点,使其成为培养技能型人才的首要保证。基于这样的认识,"CAC 岗位就业实训精品课程系列教材"将陆续出版面世。本系列教材的最大特点是以就业为导向,突出实用性和专业性,重点培养学员的技术运用能力和岗位从业能力。

在此,我谨向教材的作者、组织者和所有参与"CAC 岗位就业实训精品课程"研发工作的同志们表示感谢,并希望"CAC 岗位就业实训精品课程"在我国的职业培训工作中发挥先锋带头作用,为培养高技能复合型人才作出应有的贡献。

前言 Preface

商务助理是企业的基础性人才。我国入世后，许多企业朝向多元化模式发展，需要综合素质比较高的商务助理来处理各项事务。因而，商务助理的职业前景非常广阔。

然而，有些人把商务助理与行政助理、销售助理混为一谈，所以，在此我们对商务助理作一界定。

商务助理应具备行政助理及销售助理的能力，可以处理行政助理和销售助理的事务，换一种说法，商务助理是二者的混合体，综合素质要求更高。商务助理在有的企业也叫商务秘书，工作重点是处理商务事务，兼备一些秘书的职责。

一名合格的商务助理必须掌握市场营销、管理学、合同法、经济法、商务秘书等综合知识。

一个新进入该行业的人员，往往很难去全盘掌控所有的知识，而是从一两项具体工作做起，如寻找信息来源、会议前期准备等。本书可以说面面俱到，对商务助理工作中所涉及的各项工作都进行了详细的阐述，以便读者能学以致用，不管处理哪项具体的工作都能得心应手。

本书由雷蕾主编，在编写过程中，还得到了同事、朋友的帮助，他们提供了大量的资料和范本，他们是赵永秀、赵建学、刘俊、刘海江、周亮、王玲、况平、段青民、杨冬琼、柳景章、黄河、李亮、李冰冰、江美亮、邓清华、匡仲潇、滕宝红，最后，全书由雷蕾统稿、审核完成。

由于时间紧迫，加上编者水平有限，书中内容难免存在不足之处，恳请广大读者不吝指正，在此深表感谢！

编者

目 录
Content

导读 1
  导读一　一体化服务流程　1
  导读二　实训导引　2

岗位认知 5

岗位职责一　管理商务信息 11
  工作任务一　信息收集　12
  工作任务二　信息整理　16

岗位职责二　安排商务会议 25
  工作任务一　筹备商务会议　26
  工作任务二　会场服务　48
  工作任务三　主持商务会议　56
  工作任务四　参加商务会议　62

岗位职责三　参加商务展销会 67
  工作任务一　策划展销活动　68
  工作任务二　产品展示　81
  工作任务三　海外展销　86

岗位职责四　进行商务谈判 95
  工作任务一　形成良好的开局　96
  工作任务二　谈判磋商　110
  工作任务三　促成谈判　124

岗位职责五　组织商务公关专题活动 135
  工作任务一　参加商务赞助活动　136

工作任务二　举行新闻发布会　142
工作任务三　开放参观活动　147

岗位职责六　组织商务典礼与仪式　153

工作任务一　组织筹备庆典　154
工作任务二　组织签字仪式　159
工作任务三　组织剪彩仪式　165

岗位职责七　安排商旅活动　171

工作任务一　做好充分的旅行准备　172
工作任务二　订房订票　177

商务助理岗位就业实训考核模拟试卷（一）　184

商务助理岗位就业实训考核模拟试卷（二）　192

导　　读

导读一　一体化服务流程

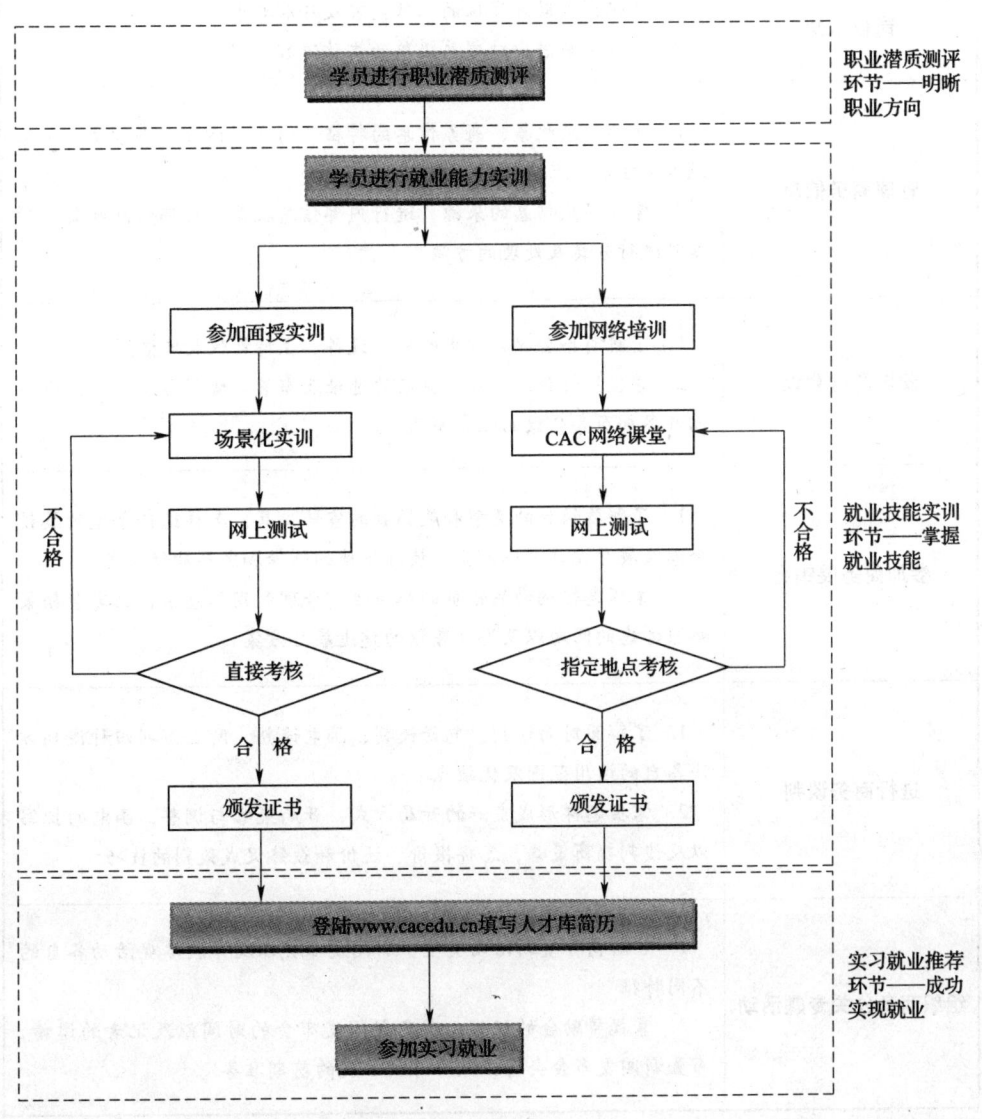

导读二 实训导引

实训模块	实训要点
岗位认知	1. 认识商务助理岗位的工作内容及任职要求 2. 初步了解进出口贸易跟单的工作流程
管理商务信息	1. 了解信息收集、商务信息的特征及内容，访谈调查方法、问卷调查方法以及其他的信息收集方法 2. 掌握寻找信息的来源，进行内部信息收集和外部信息收集，对信息进行分类及处理的方法
安排商务会议	1. 了解商务会议、常用的视听设备、主持礼仪及风格 2. 掌握拟订会议议程、会场的选址及布置、费用预算、会议进程以及参加商务会议的注意事项
参加商务展销会	1. 了解展销会的类型和展销会的宣传工具，怎样选择合适的展销会以及展厅设计考虑因素，展厅场地的选择和怎样款待来宾 2. 掌握怎样调动展销员的积极性，合理利用信息卡，制定营销策略应考虑的问题以及海外展销的建造展厅方案
进行商务谈判	1. 了解面对面谈判、电话谈判、函电谈判、网上谈判四种谈判方法各自的适用范围及优缺点 2. 掌握怎样形成良好的开局方式，开局策略与调整，函电的拟写以及谈判磋商策略，怎样报价、还价和最终促成谈判的技巧
组织商务公关专题活动	1. 了解商务赞助活动类型，新闻发布会以及开放参观活动各自的不同特征 2. 掌握赞助会的议程，确定新闻发布会的时间以及记者的邀请，布置新闻发布会会场，做好开放参观的前期准备

续表

实训模块	实训要点
组织商务典礼与仪式	1. 了解庆典活动的类型、参加庆典的注意事项、签字仪式位次排列以及剪彩仪式用具 2. 掌握庆典邀请函的书写，拟订典礼程序，布置签字厅以及剪彩仪式的程序
安排商旅活动	1. 了解商务旅行，怎样收集商务洽谈资料，确定旅行用品以及订房、订票 2. 掌握准备旅行计划和旅馆信息，安排差旅费，联系旅行社以及预订旅馆，检查飞机票或火车票

岗 位 认 知

CAC岗位就业实训精品课程系列教材

岗 位 认 知

岗位名称	商务助理	岗位编号	
直接上级	销售部经理	所在部门	销售部

职位概要

商务助理，在有的企业也称作商务秘书，这一岗位不仅要协助上司或销售部处理一些商务工作，还要处理一些上司或部门的事务性工作。

岗位职责

1. 商务信息管理
   (1) 寻找信息来源。
   (2) 收集企业内部信息和外部信息。
   (3) 对信息进行分类整理。
2. 安排商务会议
   (1) 筹备商务会议，拟订会议议程，会场选址及布置，预算费用等。
   (2) 做好组织与会者签到、发放会议文件、安排会议发言等会场服务工作。
   (3) 参加商务会议，或承担会议主持工作。
3. 组织商务展销会
   (1) 选择参加合适的展销会，制定恰当的营销战略，策划展销活动。
   (2) 设计展销会上的产品展示活动。
4. 开展商务谈判
   (1) 选择恰当的方式，形成良好的开局。
   (2) 准确把握谈判节奏，恰当运用谈判技巧，驾驭谈判议程。
   (3) 采取有效的措施促成谈判，并安排有关事宜。
5. 组织商务公关专题活动
   (1) 策划并组织商务赞助活动、新闻发布会和开放参观活动。
   (2) 做好各项会务和活动事宜。
6. 组织商务典礼与仪式
   (1) 组织庆典、签字仪式和剪彩仪式等活动。
   (2) 妥善安排和处理各项活动事宜。
7. 安排商旅活动
   (1) 做好充分的旅行准备。
   (2) 做好订房、订票等具体事项。

续表

任职资格	教育背景 ◆ 市场营销、商务秘书类专业大学专科以上学历。 培训经历 ◆ 受过市场营销、管理学、合同法、经济法、商务秘书等方面的培训。 知识技能 ◆ 具有流畅地介绍公司情况和产品的能力和良好的客户关系跟进能力及熟练的产品演示能力，了解并能够满足客户需要。 ◆ 具有一定的组织、计划、控制、协调能力。 ◆ 具有一定的谈判能力。 ◆ 具有较强的综合分析能力。 ◆ 熟练操作计算机办公软件，如 Word、Excel 等。

从下面老 C 和小 C 的对话中，可以看出从事商务助理应具备的条件和商务助理的主要工作内容。

（老 C 是从事商务工作的部门经理，在商务信息整理、商务会议、商务展销会、商务谈判、商务赞助会、新闻发布会、商务典礼与仪式、商旅活动安排等方面有丰富的实践经验和广博的理论知识，现在是小 C 的上级主管。

小 C 是刚入职的管理专业的大学毕业生，分配到老 C 的部门，从事商务助理工作。）

老 C： 商务助理是一个前景比较好的职业，但也是一个挑战性比较强的工作，并不是想做就可以做得了的。

小 C： 那从事这个岗位的工作，应该具备哪些能力和素质呢？

老 C： 要想顺利地完成自己所承担的各项工作，必须具备以下几个方面的知识：

（1）熟悉所在企业的产品（或服务）。商务工作涉及企业的产品，所以对所在企业的产品特征、市场状况、行业趋势等，都须有较充分的了解。

（2）具备丰富的信息收集与整理方面的知识。

（3）熟练掌握开展市场调查方面的知识，包括问卷设计、调查的各种方式、技巧、细节等。

（4）具备丰富的市场营销、商务谈判和公关方面的知识。

（5）英语单词量达到公共英语三级（或三级以上）的水

平，较熟练掌握外贸英文函电以及英译中的基本翻译知识。

小C：以上的知识点，有些我在学校里学过，有些没有接触过，比如说组织、计划方面的知识。

老C：对，有些你在学校里当然学不到，只有在工作过程中才可能接触到的。这方面你不用着急，我觉得你还是先自我审查一下是否具备以下素质，如果没有，平常就须加强锻炼了。

1. 表达能力

商务助理在对各项活动进行策划、安排时，要沟通上下、联络左右，其表达能力的优劣是至关重要的。表达能力分两种：

（1）口头表达能力。要求用简洁的语言把要表述的事情讲清楚，主要表现为口齿伶俐、语言准确、观点明确、条理清晰，用语妥帖、得体。

（2）文字表达能力。主要是指运用各种文体，尤其是商务文书的写作能力，要快、要规范，有利于商务活动。

2. 管理能力

商务助理的管理能力主要是协助上司制订各项工作计划、活动计划，为上司安排工作日程的能力，按照上司的意图完成某项工作任务，组织有关职能部门协同工作的能力，甚至是受领导委托或代表领导出面协调矛盾的能力。

3. 操作能力

随着科学技术的发展和办公自动化的日益普及，对商务助理操作能力的要求也越来越高。作为商务助理，应该具备的操作能力主要有：

（1）计算机处理能力。
（2）各类现代通信设备的运用能力。
（3）各类声、像设备的运用能力。
（4）计算机互联网上资源的运用能力。

4. 应变能力

商务助理的工作涉及面广，接触的人员也多，要把诸多事务做好，把复杂的关系理顺，需要有较强的应变能力，具体包括以下方面：

（1）对突发事件的沉着应对能力。
（2）对尴尬场面的委婉圆场能力。
（3）对上司的责怪、批评的忍耐及反思能力。
（4）对上司模糊交办事宜的领会能力等。

岗位职责一
管理商务信息

基础技能要点

访谈调查方法
问卷调查方法
信息收集方法
商务信息的特征及内容

核心技能要点

寻找信息来源
内部信息收集
外部信息收集
对资料信息进行分类
保存有用资料
处理垃圾资料

工作任务一　信息收集

老C：信息收集的首要任务是寻找信息源。没有信息源，就谈不上信息收集。

小C：那我们怎样去寻找信息源呢？

老C：寻找信息源的途径有很多，对新人来说，首先要做的是了解信息收集的基本方法，如果不知道收集方法，那怎样收集信息呢？

小C：那收集信息的基本方法有哪些呢？

老C：信息收集的基本方法是访谈调查和问卷调查，这两种方法的特点是定期，如一年才会用一次，在平时的工作中更需要掌握一些简单的信息收集方法。

小C：信息收集主要是收集企业内部的信息吗？

老C：当然不是了，除收集企业内部信息外还需要收集企业外部的信息，如国家相关政策的变化之类的信息，关系到企业的长远发展。

小C：听起来要学的东西还挺多的！

老C：是啊，万事开头难，主要是慢慢地学习，后面就会比较熟悉了。

基础知识

信息收集是指通过各种方式获取所需要的信息。信息收集是信息得以利用的第一步，也是关键的一步。信息收集工作的好坏，直接关系到整个信息管理工作的质量。

一、基本方法

商务助理需要了解信息收集的基本方法（见表1—1），以便在工作需要时予以运用。

表1—1　　　　　　　　　　　信息收集方法

类型	优点	缺点
访谈调查	（1）被调查者身份确定，获取更多便于处理的信息 （2）被拒绝的可能性小，反馈及时	一对一的调查需要大量的人员投入，成本比较高
问卷调查	成本低，调查范围广，信息处理方便	有的被调查者所填信息不是很准确，导致信息失误

> **老C提醒：**
>
> 可以装扮成客户去访问竞争者。访问时既要注意学习竞争者高明之处，又要及时发现竞争者所忽视的地方，因为这往往就是机会所在。

二、其他方法

一般访谈和问卷调查在固定的时间进行，如一年一次，平时可以使用一些比较简单易行的方法。

1. 利用媒体收集信息

商务助理要在日常阅读书报（经济类）、行业出版物，收看有关新闻、报道等的过程中，注意收集有用信息。可安排专人做成简报，将有价值的信息收集下来供传阅分析用。

2. 购买信息

主要是向权威专业信息机构和行业资深人士购买，尽管价格比较昂贵，但是其物超所值。注意要选对人和处理好合作关系。

例如，可以购买专业新闻简报、国家经济统计年鉴、行业统计年鉴等，这些有一定的参考价值，归纳其中对本企业有用的信息。

3. 在交谈中注意收集有用信息

同公司内部的采购人员、送货人员、销售人员等交谈，也可以对公司管理方面向领导提出建议，记录交谈过程中的重要信息。

在同公司外部人员，包括供应商、顾客、经销商及外界其他人士接触的过程中，言谈话语中很可能透露许多重要信息，对此要用心收集。

4. 设置激励机制

例如，鼓励经销商收集、提供信息。将经销商信息收集效果进行评定，并给予适当奖励，让经销商感到其参与到企业的发展之中，可以提高其积极性。

实操过程

第一步 寻找信息来源

企业信息来源包括企业内部信息和外部信息以及内外交叉信息，见表1—2。

表1—2　　　　　　　　　　　　信息来源

信息来源	内　容
企业内部信息	销售、生产、财务、R&D、人力资源
企业外部信息	从报纸和专业杂志、行业协会出版物、产业研究报告、政府各管理机构对外公开的档案、政府出版物（统计资料、政府工作报告、各类白皮书）、数据库（商业计算机联机数据库、网络数据库等）、工商企业名录、产品样本、手册、信用调查报告、企业招聘广告等获得的信息
内外交叉信息	企业与协会、上级部门、竞争对手、客户之间发生的信息，企业网站上用户的访问记录、客户的反馈信息等

第二步 内部信息收集

内部信息主要来源于企业内部报告，具体包括客户订单、销售预测表、销售汇总报表、销售价格水平表、存货统计表、应收账款统计表，具体见表1—3。

表1—3　　　　　　　　　　　企业内部信息来源

类　　别	分类依据	分类周期
客户订单	行业、地区、交货期、产品规格	按年、季、月，如果批次多，则要具体到每周
销售预测表	产品种类、成交可能评估值、交货期	按年、季、月，如果批次多，则要具体到每周
销售价格水平表	地区、人员的赢利能力	周期较短，每日统计
销售汇总报表	产品、时间段，地区、人员	按年、季、月、周进行统计
应收账款统计表	账龄	按年、季、月、周进行统计
存货统计表	产品规格、成交值、交货期	周期较短，每日统计

> **老C提醒：**
> 以上报表提供结果数据要形成制度化，定期统计，数据只有经过集合、归纳，对比时才有意义。

第三步　外部信息收集

外部信息收集可以从以下五个方面着手：

1. 竞争者的调查

"知己知彼百战百胜"，对竞争者的调查，往往可以从中发现自己的问题，主要是对主要竞争对手的市场行为规律及其主要变化和其他动向进行分析。

> **老C提醒：**
> 供应商、客户、新加入的竞争者以及替代品都是竞争存在的潜在威胁，而不仅仅局限于同行业间最类似的产品。当然，由于具体所处的行业不同，也会有一定的差异。有些行业新技术不断涌现，产品更新换代快，因而替代品威胁成为主要的竞争压力，应列为竞争调查的重点。

2. 消费者调查

"顾客就是上帝"是一个不变的宗旨，商务助理必须善于从消费者的角度收集信息，深入了解消费者的需求。而不仅仅是简单地猜测消费者有怎样的要求，如果条件允许，可以请诸如消费者代表参观企业，听取其意见，做到真正意义上的为顾客服务。

3. 产业市场调查

商务助理需要尽可能地收集本行业的发展现状、趋势，行业生存条件等方面内容，密切注意新技术在本行业的运用，同时也要关注与本行业相关的行业动向，如建材行业对房地产业的影响等。

4. 营销渠道的调查

主要调查市场网络成员的地区、数量、规模、性质、营销能力、信用等级，竞争者产品情况、合作情况、主要经营者的情况等，并做专案记录。这需要公司各部门人员的配合，并需做动态的调查，定期（如半年）更新。

5. 宏观环境调查

要注意经济大环境的变化，特别是主要产业的发展变化对本行业的影响。有些行业反应较快，如石油价格的变化等。现在，中国经济仍处于转型期，各项法规、政策及政府主管部门职能都在完善之中，要注意收集信息，密切关注产业发展趋势的要求与政府相关政策，如环保的要求就是很多企业（如化工企业）的"生死符"。

实操演练

1. 实操背景

某果汁饮料企业经理需要一份本企业各部门的年度工作情况，作为商务助理，需要收集各部门的资料上交给经理。

2. 实操步骤

（1）明确需要哪些相关资料。
（2）确定资料保存在什么部门。
（3）到各部门取资料。

3. 模拟时间

1个课时。

4. 参与人数及方式

5~7人组成一个小组，扮演不同部门人员，共同完成企业内部资料收集。

5. 效果要求

学员熟练掌握企业内部信息收集的方法。

工作任务二　信息整理

小C：信息整理的工作并不复杂，我能应付得了。
老C：不要小瞧哦，实际工作时会有好多事情需要处理的。

小C： 是吗？我还以为信息整理就是简单地整理一些文件。

老C： 那你知道整理的信息资料主要分为几类吗？

小C： 我认为主要是文档资料吧，包括电子文档资料。

老C： 当然，不同的分类标准是不一样的，具体说可以分为文件资料、电子资料、照片资料和人物资料。

小C： 那不同的资料要采取不同的方式来整理吧？

老C： 是的，在整理时要注意取舍，当机立断，不要有"先留着吧"的思想，那样只会累积得越来越多，到后面就很难处理了。

小C： 您这可真是经验之谈啊，我在工作中会不断学习的！

老C： 用心干，我们都是处于学习的过程之中！

基础知识

信息整理是商务助理的基本工作之一，即对收集到的信息按照相应的标准进行归类，将有用的资料保存，处理垃圾资料。

商务助理在信息整理的各个环节都要时刻有保密意识，一个企业的信息系统建立得再好，若被竞争对手窃取，本来很重要的信息也就变为过时的"垃圾"。这里主要介绍商业秘密的相关知识。

一、什么是商业秘密

所谓的商业秘密，就是不为公众所知悉、能为权利人带来利益、具有实用性并经权利人采取保密措施的技术信息和经营信息。商业秘密主要依靠企业采取保密的方式形成事实上的独占权。商业秘密具有非公开性、价值性和保密性的特征。

二、商业秘密的内容

在工作中，商务助理接触到的大多数的工作或多或少都包含有秘密的"成分"，主要包括以下内容：

（1）新产品的开发计划、测试报告、试验过程及有关数据。

（2）芯片、图样、产品软硬件设计文件和技术文件。

（3）市场供销网、客户名单、销售合同和定价策略。

（4）公司的人事档案、财务报表、融资及投资信息。

（5）生产计划、物料清单、供应商名单。
（6）生产流程和工艺设备、品质管理方式和生产成本。
（7）经济合同的履行情况、公司法律诉讼状况。

三、常见的泄密途径与有关对策

商务助理要时刻具有高度的保密意识，熟悉常见的泄密途径，并能采取相应的对策，具体见表1—4。

表1—4　　　　　　　　　　泄密途径与对策表

泄密途径	对策
计算机	（1）设置开机密码、网络密码及屏保 （2）经常更换密码
客户、供应商、合作单位以及在学术会、招聘会上的对外交流	交流过程中不要"知无不言、言无不尽"，对于公司以外人员的提问要"酌情回答"
文件	（1）准备文档查阅登记表 （2）明确员工的查阅权限 （3）机密、绝密文件在无人状态下锁起来 （4）将含有秘密的废弃文件及时销毁
员工办公区	不要让陌生人随便进入，涉及商业秘密的地方不要随意暴露

实操过程

第一步　资料信息分类

资料信息主要分为以下几类：

1. 文件资料

文件资料主要包括电话留言、企划表、进度书、复印本、备忘录等。

2. 电子资料

电子资料主要是指由文字处理机、录音机、录像机、计算机等媒介储存的资料。

3. 照片资料

照片资料主要是指一些会议、活动以及报纸、杂志中的照片。

4. 人物资料

人物资料主要包括个人名片和联络地址。

第二步　保存有用资料

将资料分类之后，就需要把有用的资料信息保存起来，对于不同种类的资料，有不同的保存方法。商务助理要做到井井有条地将资料保存起来，方便日后需要时取用。

1. 文件资料的保存

（1）将报纸、杂志上非常必要的资料剪存下来。
（2）必须复印的资料，利用缩小功能或双面复印，以节约存储空间。
（3）将保存的资料放进资料袋前，必须在资料上写清何人、何时、何处。
（4）复印文件的原始名称。
（5）利用文字处理机或复印机设计专用表格，见表1—5。

表1—5　　　　　　　　　文件资料保存专用表格

名称	类别	保存时间	保存地点	保存人

2. 电子资料的保存

（1）将规格统一的资料放在一起，比如将光盘、录音带、录像带进行分类放置。
（2）光盘。将电子资料归类之后，刻成光盘保存好。
（3）录像带。在录像带上加注时间数据，以便清楚了解每段画面的所在位置。

老C提醒：

（1）光盘必须存放在阴凉、干燥的地方，以免保存不当而造成损坏。如果条件允许可以用移动硬盘备份。

（2）商务助理要有预防意外事故发生的意识，无论是使用随身型文字处理机，还是其他高效率的资料处理机器，都必须明确操作方法，并做好备份工作，避免因操作失误、机器故障、停电等突发事件而导致资料损失。

3. 照片资料的保存

(1) 按照时间顺序整理照片。
(2) 底片与黑白压条（相版）应成对放入档案袋中。
(3) 选择有必要的画面冲放照片，并和文件资料一起放入相同主题的档案袋中。
(4) 数码照片要分类、分日期存放于计算机中，并定期刻录在光盘上予以保存。

4. 人物资料的保存

(1) 以注音字母为序整理名片。
(2) 按照个人、公司、行业三大分类系统，将名片复印三份各自归档。
(3) 将某项工作的有关人士名片复印于一张纸上，放入该工作的档案袋中。
(4) 登记通信录时，如果对方是普通职员，则登录他的个人资料，再附上公司名称。

第三步 处理垃圾资料

对于没用的资料，要及时处理，以免占据空间，而且资料太多，查找起来也容易浪费时间。对于不同类型的资料，可以采取不同的处理方法。

1. 处理无用的文件资料

(1) 对于报纸、杂志上已经公开的资料可以直接扔掉。
(2) 复印的有保存价值的重复信息资料只保留一份，多余的可以扔掉。
(3) 可能有商业机密信息的文件最好用碎纸机粉碎后再扔掉。

> **老 C 提醒：**
>
> 商务助理整理文件时要有当机立断的勇气，考虑文件是否还有保存整理的必要性，如果没有，就要马上处理，不要心存"暂时保留"的想法，将来能再度取得的资料也可以丢掉。现在不处理，以后每过一天，处理的工作量就增加一倍。

2. 处理无用的电子资料

(1) 录音带的处理比较简单，只需要第二次使用就可以覆盖以前的资料。

（2）录像带与录音带一样，不需要保存的第二次使用就可以覆盖。

（3）不需要的磁碟片、硬式磁碟、光盘要放入专门的垃圾回收处，不要随意扔掉，以免造成污染。

（4）计算机中无用的数据需要彻底删除，可以用优化大师或者超级兔子清理系统，也可以把鼠标放到左下脚的开始菜单，依次点击"开始—程序—附件—系统工具—磁盘清理"。

3. 处理无用的照片资料

（1）不需要的纸照片可以直接扔掉。

（2）数码照片在照相机或计算机中直接删掉，如果是刻在光盘中的直接将光盘放入专门的垃圾回收处即可。

4. 处理无用的人物资料

（1）没用的纸名片或联络地址等可以直接扔掉。

（2）存放于计算机或电子手册的人物资料可以直接在机器中删除。

老C提醒：

对于重要信息要进行备份。需要留底的是不可再现的信息，如工作联系单、领导会签文件、领导批示的文件、信息、确认的传真及电子文件等。

（1）纸类文件夹里的各类纸件留底存放，有可能会受潮，多次传阅后会出现残损，要定期整理纸质文档，重要的纸质文档要复印一份，尽量保留原件，传阅时尽量使用复印件。

（2）电子文件最好采用双备份，光盘上拷贝一份，硬盘上再备一份，以免因断电或病毒入侵等而造成信息丢失。另外，要及时更新文档目录及文件内容，及时删除已失效的文件。

实操演练

1. 实操背景

你所在公司的销售部经理要求将销售部的资料重新归类整理，以方便日后工作需要时查找。

2. 实操步骤

（1）将资料信息进行分类。

(2) 分类保存资料。

(3) 分类处理垃圾资料。

3. 模拟时间

2 个课时。

4. 参与人数及方式

5～7 人组成一个小组，将资料进行分类保存处理。

5. 效果要求

学员熟练掌握信息整理的方法。

练 习 题

一、单项选择题

1. 下列属于企业内部信息的是（　　）。

　A. 企业与协会　　B. 上级部门　　C. 销售　　D. 手册

2. 下列各项中，属于文件资料内容的是（　　）。

　A. 电话留言　　B. 计算机　　C. 杂志中的照片　　D. 联络地址

3. 下列属于访谈调查优点的是（　　）。

　A. 成本低　　B. 调查范围广　　C. 信息处理方便　　D. 反馈及时

4. 按照行业、地区、交货期、产品规格进行分类的是（　　）。

　A. 销售预测表　　B. 客户订单　　C. 销售汇总表　　D. 存货统计表

二、多项选择题

1. 竞争存在的潜在威胁有（　　）。

　A. 供应商　　　　　　　　B. 客户

　C. 替代品　　　　　　　　D. 新加入的竞争者

2. 商务助理尽可能收集本行业的（　　）等方面的内容。

　A. 发展　　B. 现状　　C. 趋势　　D. 行业生存条件

3. 信息收集的基本方法是（　　）。

　A. 访谈　　B. 购买　　C. 交谈　　D. 问卷

4. 资料信息主要有（　　）。

　A. 文件资料　　B. 电子资料　　C. 照片资料　　D. 人物资料

三、是非判断题

1. 问卷调查的优点是：被调查者身份的确定、获取更多便于处理的信息、被拒绝的可能性小、反馈及时。（　　）

2. 访谈调查的缺点是：一对一的调查需要大量的人力投入，成本比较高。
（   ）

3. 信息整理就是对收集到的信息进行不同的归类，将有用的资料保存，处理垃圾资料。
（   ）

4. 商业秘密主要依靠企业采取保密的方式形成事实上的独占权。   （   ）

四、简述题

1. 简述访谈调查和问卷调查的优点和缺点。
2. 简述商业秘密的特征和内容。

参考答案

一、单项选择题

1. C   2. C   3. D   4. B

二、多项选择题

1. ABCD   2. ABCD   3. AD   4. ABCD

三、是非判断题

1. ×   2. √   3. √   4. √

四、简述题

略。

岗位职责二
安排商务会议

基础技能要点

常用试听设备认识
主持礼仪
主持风格

核心技能要点

拟订会议议程
会场选址
布置会场
费用预算
把握会议进程
参会注意事项

工作任务一　筹备商务会议

小C：　什么是商务会议？

老C：　商务会议是指带有商业性质的会议，一般包括新产品宣传推广会、跨国公司年会、行业峰会、企业庆典、新闻发布会、答谢宴会、项目说明会等。

小C：　商务会议的规模都比较大吗？

老C：　不一定，就拿公司举行的销售经理会议来说吧，虽然参会的人只有几个，但也属于商务会议。

小C：　筹划商务会议需要做些什么？

老C：　根据会议目的制订会议议程、邀请与会者、确定与会人数、确定会议时间及地点、布置会场等都是需要做的。

小C：　好像还需要准备传声器、投影仪之类的视听设备吧？

老C：　对，要根据会议的需要选择合适的视听设备，并且还要在会议之前对设备进行检查，以免开会时无法正常使用。

小C：　听起来挺复杂的。

老C：　嗯，有一点。不过，没事儿，只要你用心，跟着我实际操作几次就会驾轻就熟啦。

基础知识

一、筹划商务会议要点

筹划商务会议是商务助理对商务会议的一个前期的准备工作，是商务助理必须具备的一个基本能力。事无巨细，前期工作很关键，主要包括参与会议主题的策划、布置或检查会场、准备或检查会场的设施设备、了解和准备会场的茶水饮品、检查消防设施和安全通道、主席台人员座位的编排、参会人员的安排和登记情况、车辆和工作人员的安排、会后会场的善后工作等。

二、商务会议常用视听设备

1. LCD投影仪（液晶投影仪）

这套设备最常见的就是一台计算机，使用投影仪，把图像投射到屏幕上。如果和现成的模板，如微软的Power Point配套使用，则可以使其看起来更加专业化。

2. 35毫米投影仪

当发言人使用幻灯片时，可以采用这套设备，它可以使图像对人产生巨大的吸引力。

3. 录像机

这种设备使得发言人可以展示有关他演讲的录像带或光盘。要确保你或发言人知道如何操作机器，要做的就是适时按"播放"键。节目开始后，不要对发言人指手画脚。

4. 悬挂式投影仪

如果使用这种投影仪，许多发言人会感觉舒服得多。要准备好必需品，包括足量的醋酸酯和特别标记，黑色和蓝色最佳。投射到屏幕上时，使用这些颜色效果最好。红色最好是用来强调重点，但要避免红蓝两种颜色同时使用，因为有色盲的人会把它们看成灰色。另外要注意，投射到屏幕上的黄色和橙色看起来就像被水洗过的一样。

5. 活动挂图

这种方式最适合用在点子大会上捕捉新思想。使用遮蔽胶带，它们很容易贴在墙上作为参考。确保足够的纸张和标记。黑色和蓝色是最佳颜色，因为它们很容易从远处被识别。提前测试颜色，确保它们到时不会凝固。

6. 传声器

根据会场大小和到会者人数，决定是否采用传声器。下面是几种传声器类型，不管选择哪一种，都需要提前测试。

（1）台式传声器。如果讲话人要读稿子或发言很紧张，需要站在讲台后，紧紧地贴住讲台，最好还是选择台式传声器。台式传声器尤其适合那些手易出汗，讲话时手不知该放何处的人。

(2) 便携式传声器。这种传声器适合那些自信的演讲人、积极热情的喜剧演员或歌手。演讲人需要知道如何操作这种传声器。需要把它竖起靠在下巴附近，传声器的顶端要和下嘴唇保持水平。许多人不熟悉如何使用，常常把传声器放在远离嘴巴的位置，这样声音会减小。

(3) 有线或无线颈挂式传声器。这种传声器最适合边说边走且爱用手做动作的演讲人。它体形较小，可挂在衣服上，通常放在夹克衫的衣领上端，尽可能靠近嘴巴。尽量别让围巾、领带或珠宝触及传声器，避免发出令人难以忍受的噪声。

三、选择会场现场考虑要点

1. 空间

当你在房间中布置好桌椅、通道、演讲台及其他演讲时所要的空间及视听设备后，你是否能够保证每一位与会人员都能有自己充足的空间？如果在这方面你还是位新手，一定要向会场有关人员询问建议。

2. 视线

因为房间里的柱子、低矮的天花板或其他障碍物阻挡视线，你是不是就不能让与会人员坐在房间的任一角落呢？最好通过实地考察来收集这类信息，不能依赖所提供的资料说明房间的规格。如果不能实地考察，那么就仔细询问有关人员每一个具体的问题，以避免任何现场意外状况的发生。

3. 潜在的干扰因素

空调的声音是不是太大了？房间是不是位于闹市？楼道里会不会有嘈杂的脚步声？房间是不是紧靠厨房或位于一间可能在举办服装展示彩排的大会堂上方？房间的墙壁是否厚到足以阻挡外界扰人的噪声？音响系统如何？你能否听到各个房间里的回声？要知道这些答案的唯一途径就是亲自实践。

4. 桌椅

房间里是否有足够你所需要的桌椅？是不是需要再去租借？是需要从会场租借，还是可以另找他人？如果房间里的家具摆放不合适，是不是要把它们搬出去并存放好？会场是免费提供这项服务还是需要另付费用？

5. 租赁时间

确保在会议开始之前你能够提前进场检查，以防无法预料的问题出现。确保视听技师、灯光师、桌椅供应者、会议场所提供者及其他提供各项服务的人员，在与会者到来之前将各自工作安排就绪。你或许还可以给演讲者彩排的时间以熟悉并适应会议室的环境并练习演讲词，以发现潜在的问题。

6. 室内容纳能力

获知你要租用的会议室所规定的容纳能力，不要超出限度。检查所有紧急出口，并将其纳入计划，注意不要用前台或坐椅将其阻挡。确保所有出口都有明确的出入标志且光线充足。

7. 会场可能提供的其他项目

提前弄清会场是否免费提供以下关键条目，如果你所需要的任何一条未被包括在内，在合同谈判时应当提出：

（1）会议中使用的桌布。
（2）为与会人员准备的水及杯子。
（3）便笺本及铅笔。
（4）每张桌子上的糖果盘。
（5）前台及放置演讲稿的讲桌、装饰性绿植。
（6）指引与会者到指定房间的各种标志。
（7）为演讲者准备的活动挂图或其他道具。
（8）为投影设备准备的松紧带、电线、桌子。
（9）备用的灯光设备，以防需要。
（10）视听设备，如传声器、投影机、屏幕等。如果会场提供这些设备，那么它是否也配备了专业技术人员来负责安装及处理设备可能出现的所有问题？
（11）支架与绳子，如果需要的话。
（12）提前列出以上所租借的条目，以保证自己有充足的时间做安排。

实操过程

第一步　做好会议策划

通常，开会的主要目的是交换信息，例如，请大家出谋划策，交流重要信息，制定方针策略，商议决定，提供培训或者解决某个问题。

进行会议策划时应明确以下问题：

（1）会议的目的是什么？
（2）会议想要实现的目标是什么？

(3) 会议想交流什么信息？
(4) 会议希望人们离开时有何感觉？
(5) 会议将在何时举行？
(6) 会议的持续时间？
(7) 会议包括哪些人员？
(8) 对会场有什么要求？
(9) 需要什么特别的材料和设备？
(10) 会议需要什么样的茶点和小吃？

有了这些信息，就可以开始制定方针策略。但首先要想在规定的时间内做完这一切是否现实，必要的资源是否齐备。如果不是，一定要想办法落实。具体见表2—1。

表2—1　　　　　　　　　　会议计划检查要点表

项目	审核备注
会议名称	
开会地点	
开会时间	
会议宗旨及议题	
与会单位、人员	
人数	
主持人	
会议主要工作人员	
与会者应准备的资料	
会场标示资料	
召集者拟分发资料	

老C提醒：

注意不要混淆会议的目的和主题，因为主题可能是发布一项新产品，回顾年度销售情况，或者是与顾客创建更好的关系等。

如果个人无法完成，可以把方案分成若干个不同部分。无法完成的部分可以找公司的员工帮忙，也可以寻求外面的供应商。具体见表2—2。

表 2—2　　　　　　　　　会务分工总表

	会前	会中	会后	负责人	监控点
会前	预算及备用资金				填写费用申请表
	预订房间及分配				确认到会人数
	订餐				确定形式
	设备、文具（投影仪、传真机、打印机）				
	复印机				确定时间和期限
	水、食品				确定数量
会中		会议纪要			
会后			进行结算		
			撤会		
			下发会议纪要		
			回收保密资料		

第二步　拟订会议日程

会议日程是会议期间每天的活动安排，是商务助理对会议组织实施、与会人参加会议活动和人们了解会议情况的重要依据。

1. 会议日程格式

会议日程是会议事务性文件的一种，在制作时，既可以采取文字叙述的形式，也可以采取表格的形式，采用后者的较多。

2. 会议日程内容

（1）标题。由会议活动的名称加上"日程""日程安排"或"日程表"组成。

（2）稿本或题注。会议日程如果需要在会议上通过，在提交时应写明"草案"，并用圆括号括入，放在标题之后。在会议上通过的会议日程，在标题下方应注明该议程通过的日期、会议名称，并用圆括号括入。

在左上角或右上角标明年份，如标题中已经显示年份信息或者落款处写明制订年月日的，则可省去不写。

（3）正文。表格式的优点在于会议活动的各项安排一目了然，适用于需要交代各项具体安排的会议活动。表格式日程安排一般以上午、下午、晚上为单元，如有必要，也可利用中午和傍晚的时间。每个单位时间可再分成几段，以适应不同活动的需要。内容上一般要设活动的时间、名称、内容、主持人（召集人）、参加对象、活动地点、活动要求（备注）等项目。

（4）落款。一般由会议组织机构署名，在会议上通过的会议日程无须落款。

（5）制定日期。不经会议通过的会议日程要标明制定的具体日期。

3. 拟订会议日程注意事项

商务助理在拟订会议日程时必须科学合理，符合实际情况，具体表现在以下几个方面。

（1）要根据会议的具体内容、要求，合理安排日程。程序性强的会议，应安排得紧凑一些，使其有条不紊，环环相扣；需要与会者充分酝酿讨论、发表意见的会议，如酝酿讨论工作报告、重要决议（草案）等，则应尽可能地把时间安排得充裕一些。

（2）会议日程的编制要明确具体，使人一目了然。其内容一般包括时间、会议内容、地点、主持人。

（3）重要的议案或事项，必须列在整个议事日程的前面，其他事项的时间可安排稍后些。

（4）必须合理分配各项议案或事项的时间，尤其要为重要的事项留出足够的时间，必要时标出各议案的时间分配，以便会议主席及与会者控制时间。

（5）会议议程不必太复杂，内容不必太长，以此提高会议的成效。必要时可考虑分两次开会，或分阶段讨论同一个议案。

（6）拟订会议议程的目的在于提醒与会者注意，并为开好会议早做准备，所以，议程应提前3~7天交给与会者。可以把会议通知与议程合二为一，同时通知与会者。

（7）如果会议很重要，在时间允许的情况下，可以事先要求与会者做必要准备，并指定时间提交与会者。归纳汇总的意见可以附在成文的议事日程上，提前送发全体与会者。

（8）提前送发与议程有关的会议资料，以减少会议讨论的时间。

（9）会议持续两个小时以上时，应考虑在议程中安排中间休息时间，并注意在会议结束之后，为与会人员留出一定的社交时间。

4. 会议日程举例

在此以××公司电子采购大会会议日程（会期一天）为例，表2—3介绍小型商务会议的日程安排，以供参考。

表2—3　　　　　　　　　××公司电子采购大会会议日程

9月20日上午		
8：00—8：30	嘉宾签到入场	优秀供应商展播
8：30—8：35	开幕式	主持人致欢迎词
8：35—9：05	电子采购	电子商务事业部总经理助理及首席咨询顾问
9：05—9：15	采购顾问聘请仪式	特约名誉采购顾问
9：15—10：45	从优秀到卓越，电子采购高峰对话	各资深采购职业经理人
10：45—11：45	网商明星入围初选名单公布	入围优秀供应商
11：45—13：00	午宴 合影留念	全体参会成员
9月20日下午		
14：00—17：50	优秀供应商联展	入围优秀供应商企业展销会
18：00—18：10	幸运观众现场抽奖	所有参观"优秀供应商联展"并留下名片的观众凭名片抽奖
18：10—19：10	晚宴	全体参会成员
22：00—结束	颁奖晚会	全体参会成员

下面是一般中型会议应该遵守的会议流程计划表，见表2—4。

表2—4　　　　　　　　　中型会议流程计划表

计划	具体内容	日期	注意事项
客房及会议室	会前3周考察	会前15~21天	
	会前1周确定	会前7~10天	
会务组	会前1周确定会务组	会前4~10天	（1）会议必须确定一个总负责人，如有多个负责人，一定要明确分工（且一个为总调度，知晓会议全程安排） （2）一定要充分动员，会中必须服从统一安排部署，否则若某一环节出问题，会导致很多环节被动 （3）会务组人员要提前处理好自己的正常工作，使其工作尽量避开会务时间
会务组动员会	需要召开会务组动员大会	会前4~10天	（1）各人任务分工要明确 （2）讨论并多听取建议 （3）会务组每人要有一个会务组联系电话通讯录，可随时取得联系 （4）要有一个每日安排表（以时间为序，包括事务、负责人等），发到每个人手中，使每天的工作一目了然

续表

计划	具体内容	日期	注意事项
与会者	向与会者了解情况	会前4~15天	
确定就餐地点	初选酒店	会前4~8天	
	确定酒店	会前2~5天	
录像摄影	预订录像摄影师	会前2~7天	
物品准备	会前礼品、记录本、矿泉水与其他物品	会前1~10天	
资料准备	会议日程表及会议须知、会议通知	会前1~2天	
	会议条幅、参会证、指引牌、人名牌、会议接待处	会前2~5天	
会场布置	会场设计	会前5~7天	（1）按会议议题及与会人员来设计会场 （2）注意是否有大宗物品的陈设与展示，要备有劳务人员电话，有临时情况也可用搬家公司应急 （3）注意与会嘉宾和领导的座次
	会场摆设	会前1天	
现场办公室		会前1~2天	
接站		会前1天~不定时应急	（1）根据接站表统一安排，特殊客人特殊对待 （2）会务人员安排。坐火车、飞机、汽车到达的，由接站人接站；直接到达宾馆的，由迎宾领导迎接 （3）宾馆发放房卡，工作人员开房间、发放卡；接待人员接待、签到、发放礼品、资料等
早到客人的安排		提前1天	
摄影录像		从会议开始时起	（1）选择会中休息或散会时拍照，这样人员齐整，时间紧凑 （2）应提前选好照相地点
票务		会议结束前1天	（1）要在"会议须知"中体现票务情况，让其及早订票 （2）如果订飞机票，可考虑直接找票务中心的人员来负责订票，以节省人力和时间，减少失误

续表

计划	具体内容	日期	注意事项
其他	会议通讯录和合影照的准备	会议开始至结束	
	送站	随时	
	总结报告	会议结束后3天内	

> **老C提醒：**
>
> 议程是一连串待讨论的问题，应当简短、顺畅、切题，一般来说，议程长短不超过一页纸。如果会议议程有许多小标题和演讲，可以多加一页，但要紧凑、流畅，便于浏览。

文字叙述类的会议日程可参考以下示例：

会议日程

时间：6月2日报到，6月3日正式开会

地点：×××公司总部

会议程序：

1. 10：00—12：00

（1）总公司领导讲话：总结过去一年中总公司的经营、策划、经济效益、人员变动等方面的工作。

（2）宣布总公司今年的工作方案、规章制度、员工安排、工资待遇等。

（3）下达对下属分公司上缴利润方案及有关管理条例。

2. 14：00—17：00

（1）听取分公司经理的工作汇报。

（2）集体讨论如何做好×××公司这个品牌，如何发挥各自分公司的地域优势，把业务做大、做强。

（3）听取分公司经理对总公司提出的合理要求和建议。

（4）表彰先进分公司。

（5）总公司领导总结。

（6）宣布散会。

××××年5月31日

第三步　邀请与会者

1. 选择与会者

为确保效率,选择与会者时,需要考虑下列问题:
(1) 会议是否需要某人提供信息?
(2) 会议是否需要某人提供特别建议?
(3) 会议是否需要具有特别专长的人?
(4) 会议是否需要权威人士来作决定?
(5) 会议是否需要某人来规划蓝图?
(6) 会议是否需要有人来处理细节问题?
(7) 会议是否需要一位具有新鲜创意的人?

基于以上需求,去寻找合适的人选。在作决定或解决问题的过程中,要尽可能包括众多观点。

策划会议时,你的团队应包括具有不同思维方式的人,擅长规划未来的人和善于处理细节的人。这两种类型人可以相互补充。前一类人规划蓝图,后一类人一步步进行落实以便完成计划。

2. 制作会议请柬

在邀请与会者时,需要制作会议请柬。使用请柬,既表示对与会者的郑重态度,也表明对与会者的尊敬。

可以通过办公系统以电子邮件的形式或以书面的形式通知与会者。请柬内容应包括:
(1) 会议举行的日期、时间和地点。
(2) 议题。
(3) 议程。
(4) 与会者应该随身携带的会议资料。

【范本】

请　柬

_____:

　　谨定于×××年9月6日至9月8日,在××大厦举行××会议,请届时光临。

_____有限公司
××××年9月1日

第四步　确定与会人数

确定与会的具体人数是会议策划者的任务之一。人员越多，会议就会越复杂。一般来说，商务会议最有效的人数是10人以下，通常是7~8个人，这个人数具有充分的灵活性，而且是解决问题的最佳数额。

> **老C提醒：**
>
> 与会人数达到20人时，需要细心组织和管理以达目的。对于那些近30人的会议，要考虑将他们分成小组，特别是当你想要寻求策划或解决问题的创意时。超过30人的会议通常适用于介绍会、小组讨论会和选举。

第五步　确定会议时间

要确保重要与会者到会。如果他们有其他的任务，或外出，或正在度假，应延迟会议或调整会议日程。

开会的最佳时间是在清晨和15:00左右。

> **老C提醒：**
>
> 如果是在下班之前开会，要保证不侵占他人时间，不应耽误员工接孩子或赶上交通阻塞。如果公司安排午餐会议，要确保在发出议程前就已经通知大家有关吃饭安排事宜。

第六步　确定会议地点

会议无论规模大小，地点的选择都非常重要。会议的环境，不管是正式的还是非正式的，都要有助于营造合适的氛围和情调。你可以考虑选择舒适的和能够活跃气氛的，使与会者易于集中注意力的地方，但是又不能太过于安逸和放松从而导致人们很容易入睡。

选择会议地点时，一定要想到会议的目的，会议的长短，还有会议的预算，衡量是否有必要或适合在域外举行会议。

以下分析了不同的会议地点所适宜的会议类型，见表2—5。

表2—5　　　　　　　　　会议地点

会议类型	会议地点	适合类型	注意事项
现场会议	任何一个办公室、经理室或小会议室	小会议（有10人或更少的与会者）	在门上挂一个"会议中"的牌子，免受打扰
本地非现场会议	宾馆或饭店会议室	敏感或秘密的话题，区域性问题	亲自考察一下场地，确定地点
外地现场会议	分公司的办公室或会议室	公司在世界其他地方有分公司，当分部有新设备需总部人员参观时	尽可能现场考察，与分公司策划人合作，制订一份详细清单
外地非现场会议	风景名胜区	特别会议（如销售会议）	事先进行现场考察

1. 现场会议

四种会议中的最佳选择是现场会议。大多数小会议（有10人或更少的与会者）通常在公司的办公环境之中就可完成。这种会议能够简便、快捷地组织并且花费少、效率高。

任何一个办公室、经理室或小会议室都可以把事情办得很好。无论你选择哪一地点，都要采取措施避免诸如手机或雇员的干扰。一个挂在门上的"会议中"的牌子会十分奏效，可以把这些干扰降到最低。

2. 本地非现场会议

天天待在办公室里容易使人觉得十分枯燥，远离办公室举行会议能够产生一种令人愉快的感觉，这种变化能够激发人的创造性。假如你想要讨论一些敏感或秘密的话题，这是一个很不错的选择，可以避开那些好事者的耳目。另外，公司的员工有时必须处理一些区域性问题，如果在组织会议的过程中对此有所顾虑，选择一个中立的地点开非现场会议也许会有助于解决这一问题。

选择非现场会议场地时，无论是找一个当地的宾馆会议室，一个饭店或其他会议场所，还是二星级或是五星级，预算决定你的选择。为安全起见，作出最终决定之前，最好亲自考察一下场地。

确保会场大小适中，要避免"尺寸超大"倾向，例如，选择一个可容纳100人的会场，却只是为了召开一个10人参加的会议。

3. 外地现场会议

如果你的公司在世界其他地方有分公司,适宜采取这种方式。当分部有新设备需总部人员参观时,常常采用这种外地现场会议。

尽可能进行现场考察以便提前进行一些细节准备。另外,如果在分公司也有活动策划人,共同合作,一起安排。一份详细清单可以尽量做到工作中面面俱到,不出遗漏,特别是那些至关重要的部分。所有准备工作完毕,应再三检查一切是否照计划行事。如果计划有误,你应该负主要责任。

如需要旅行和住宿,会议的费用肯定就会增加。

4. 外地非现场会议

因为这种开会方式费用高,所以只有一些特别的会议(如销售会议)会采取这种方式。这种会议可能会持续好几天,需要安排很多细节问题。可以考虑把会场设在空气新鲜、景色宜人的名胜区,使与会者在紧张的工作之余充分享受美景,参与活动,提高与会者的参会热情,同时优化会议效果。选择在外地召开非现场会议时,商务助理应事先进行现场考察。

> **老 C 提醒:**
>
> 如果会议不是在公司召开,需要考虑交通问题。是让与会者自己开车、乘坐公交车还是雇用区间服务车?不管你选择哪种方式,都要让与会者了解细节问题。给他们每人一份地图,标有详细方向、停车及费用等信息。如果停车场是宾馆设施的一部分,可以考虑节省停车费的问题。此外,大城市机动车辆按号限行问题也要事先考虑到。如果你计划在商业区召开会议,要让与会者知道有哪些潜在的交通问题,例如途中建筑工地或交通高峰区。如果与会者乘坐公交车或火车,要详细告知应在哪里下车,从汽车站或火车站如何找到开会地点等。

第七步 布置会场

布置会场涉及房间里每一个物件,从安排座次到空调设施等都要考虑周到。

1. 座次安排

座次安排很可能影响到与会者的心理,从而影响整个会议的效率。会议座次安排的模式有很多种，各种模式的优缺点见表2—6。

表2—6　　　　　　　　　　座次安排模式

模式	优点	缺点
椭圆形或圆桌形	（1）鼓励与会者之间进行讨论 （2）容易做笔记	（1）不强调主要人物的重要性 （2）难以演示直观材料
U形结构体	强调主要人物的重要性	（1）鼓励与会者之间进行讨论 （2）与会者的精神更加集中 （3）增加主持人与听众之间进行讨论的可能性
工作群体型	（1）鼓励每一个小组的组内讨论 （2）气氛随便	（1）降低主要人物的重要性 （2）减少组与组之间讨论的可能性 （3）不便于直观教材的展示
双L形结构体	（1）强调主要人物的重要性 （2）鼓励两边成员形成对立的双方 （3）便于双边与会者正面讨论 （4）利于展示直观材料	如果不注意控制会场局面，容易导致两边成员争执
没有圆桌的围坐式	便于与会者之间展开讨论	（1）削弱主要人物的重要性 （2）减少与会者参考笔记或其他资料的可能性 （3）记笔记比较困难
阶梯式结构体	（1）强调主要人物的重要性 （2）听众易看到直观资料 （3）讨论比较正式 （4）增加主持人与听众直接进行讨论的可能性	限制听众之间的讨论，不易记笔记

老C提醒：

如果有人想创造影响，就需要和目标者进行目光交流，所以目标者对面的这个位置是最佳战略位置。如果有人想要引起某人的注意，就要安排相对而坐。另一引起注意的有利位置是领导者右边的位子。

2. 制冷、制暖系统

一般制暖和制冷都是中央控制或由温度自动调节器调节，通常很难以房间为单位进行控制。因此，找到一个人人都喜欢的温度是不可能的。

如果房间内无人时，室温比较高，当人很多的时候，温度势必更高。所以在会议开始时，将温度适当地调低一些，凉爽时人一般不易入睡。但是，需要准备足量的热饮，使开会的人感觉舒适。

3. 室内噪声及其他分神之物

尽可能去除室内噪音或分散注意力的事物，营造出最佳会议氛围。查看会议室外面的车辆噪声、排风扇的声音及出自视听设备或声音系统的分散注意力的声响。这对于非现场会议设施尤为重要。另外，要确保会议室远离正门口或其他正在举行活动的场所。

选择场地时，要注意会场装饰。会议通常都有主题，应进行相应的装饰。镜子、大的壁画或图片不但容易使发言人精力分散，也容易使与会者精力不集中。

> **老C提醒：**
> 有人去洗手间可能会发出较大的关门声音，可以通过在门上粘贴胶带的方式降低声响。
> 会场上不要提供有包装的糖块或薯条、椒盐卷饼、苹果等能发出声响的小吃，至少在会议结束前不要。
> 会前建议与会者在会议期间关掉手机或将其调为静音振动状态。

4. 照明

要尽可能利用自然光，如果灯光太亮，眼睛会很疲劳；而光线太暗，与会者的眼睛就会慢慢闭上。当然，为了回避外部干扰，应当使椅子背对窗户。

当使用视频设备时，则需要配置人工光源。但要注意不能让光线盖过屏幕。如果可能，要么减小屏幕上方的光源，要么使光源不直接照射屏幕。当召开非现场会议时，询问会场所有者是否可以去除那些没用的灯泡。

> **老C提醒：**
>
> 细节往往能体现一个公司的形象，下面这些东西尽管小，但可以使会议更加完整。
>
> 1. 在一些与会者互不相识的会议上，要提供名片。让人们使用一些形容词来描述自己，以便更容易被记住，如"可爱的琳达"或"滑稽的林可"等。
> 2. 安排人负责会议记录，如果没有合适人选，也可以自己承担此任。使用录音机，保证记录准确无误。
> 3. 采取各种方式活跃会议气氛。如做游戏、出点子、举办活动等形式有助于与会者积极参与，使会议进展得更顺利。
> 4. 会议经常因为桌面满是文件、资料而显得凌乱。要定时打扫、清理。一个整洁的环境有助于人们思考问题，激发创意。
> 5. 茶点食品可以使会议充满温馨轻松的情调。根据会议的长短和时间，选择炸面包圈、松糕、三明治、盒饭、小吃等。最少要准备一些咖啡、茶、饮料和足够的水。如果需要准备午餐，应该询问与会者的饮食喜好（如素食等）。

布置会场时，可以制定表2—7所示的会场布置清单表和表2—8所示的会场布置跟踪表，以保证各项工作的落实。

表2—7　　　　　　　　　　会场布置清单

物品名称	布置要求	物品所需数量	备注
桌椅	摆放整齐，方便进出		
文具	纸笔需配套		保证笔可以正常使用
座位名片	一一对应		人与名片不要放错
会议资料	摆放在座位之前		
传声器	每一排一个		
……			

表2—8　　　　　　　　　　会场布置跟踪表

任务	完成时间	备注	完成情况
会场保密要求		录音设备、指引牌	
确定横幅标语的内容制作要求，向会场出租方提出相关要求			
指示牌的制作			
与会人员姓名的确定及座位名片的制作			

续表

任务	完成时间	备注	完成情况
通知电视台及报社来采访			
摆放会议桌鲜花			
摆放会议资料			
座椅数量		对人员可能的变动有一个相应估计和安排	
文具			
水果、饮料			
灯光、音响、传声器、投影仪、打印机		提前调试	

第八步　预算费用

通常而言，会议预算包括以下几个方面。

1. 交通费用

交通费用主要包括三个方面：
（1）会议前期费用。会议前期费用主要是指由出发地至会议地的费用。
（2）会议期间的交通费用。包括：
1）住宿地至会所的费用；
2）会所到餐饮地点的费用；
3）会所到商务交际场地的费用；
4）商务考察交通以及其他与会人员可能使用的预订费用。
（3）会议后期费用。会议后期费用主要是指返程所需的费用。

2. 会议室（厅）费用

会议室（厅）费用见表2—9。

表2—9　　　　　　　　会议室（厅）费用

类别	具体内容	注意事项
会议场地租金	主要是某些常用设施，如激光指示笔、音响系统、桌椅、主席台、白板或者黑板、油性笔、粉笔等	一些非常规设施并不包含在内，如投影设备、临时性的装饰物、展架等，加装非主席台发言线路时可能需要额外预算

续表

类别	具体内容	注意事项
会议设施租赁费用	主要是租赁特殊设备,如投影仪、笔记本电脑、移动式同声翻译系统、会场展示系统、多媒体系统、摄录设备等。租赁时通常需要支付一定的使用保证金,租赁费用中包括设备的技术支持与维护费用	租赁时应对设备的各类功效参数作出具体要求,否则可能使会议的进行受到一定影响
会场布置费用	如不是特殊要求,此部分费用包含在会场的租赁费用中	如有特殊要求,可与专业的会议服务商协商
其他支持费用	包括广告及印刷、礼仪、秘书服务、运输与仓储、娱乐保健、媒介、公共关系等	由于支持均为临时性质,如果会议主办方分别寻找行业支持,可能比市场行价要高,如果让专业会议服务商代理,将获得价格相对比较低廉且服务专业的支持
备注	单项服务支持,主办方应尽可能细化各项要求,并单独签订服务协议	

3. 其他费用

其他费用主要包括住宿费、餐饮费、视听设备费用以及杂费,具体内容见表2—10。

表2—10　　　　　　　　其他费用

类别		具体内容	注意事项
住宿费		(1) 与酒店星级标准、房型等因素有关 (2) 与客房内开放的服务项目有关,如客房内的长途通信、洗换、一次性换洗衣物、互联网等	明确酒店应当关闭或者开放的服务项目
餐饮费	早餐	通常是自助餐,也可以采取围桌式就餐,费用按人数计算	预计就餐人数不得与实际就餐人数相差到15%,否则餐厅有理由按预订人数收取费用
	午餐	采取人数预算——自助餐形式,按桌预算——围桌式形式	
	酒水及服务费	在高星级酒店举办会议宴会,通常在基本消费水准的基础上加收15%左右的服务费	在高星级酒店餐厅就餐,餐厅是谢绝主办方自行外带酒水消费的

续表

类别	具体内容	注意事项
视听设备	（1）设备本身的租赁费用，通常按天计算 （2）设备的运输、安装调试及控制技术人员支持费用，可让会展服务商代理 （3）音源。主要是背景音乐及娱乐音乐选择，主办者可自带，也可委托代理 （4）演员及节目。通常可以选定节目后按场次计算，预算金额通常与节目表演难度及参与人数相关	在室外进行，视听设备的费用通常可以忽略
杂费	一些临时性安排产生的费用，包括打印、临时运输及装卸、纪念品、模特与礼仪服务、临时道具、传真及其他通信、快递服务、临时保健、翻译与向导、临时商务用车、汇兑等	杂费的预算很难计划，通常可以在会务费用预算中增列不可预见费用作为机动处理

表2—11是某企业举办销售会议时，所列的一份会议经费预算分配方案，商务助理可以在工作中参考。

表2—11　　　　某企业销售会议预算分配表

不变成本	百分比
（1）会务、讲台、外请演说者 （2）邀请、推销、策划 （3）会议室 （4）会务代理费、最初的考察 （5）会议标志 （6）保安、停车安排 （7）文艺娱乐活动 （8）报到费用 （9）会议办公、电话、传真费 （10）恶劣天气的替代活动 （11）保险、购买税 第1条的支出可高达总支出的25%	35%
可变成本（按每位代表计算）	百分比
（1）伙食 （2）酒水、饮料 （3）住宿 （4）旅行 （5）印刷品 （6）礼品 （7）搬送行李及停车费用 （8）社交活动 （9）夜间酒吧酒水 （10）服务费、小费	50%
应急成本	百分比
（1）10%用于可变成本的意外支出 （2）留出一部分资金以应付货币汇率变化	15%
总预算	100%

在进行费用预算时,可以制作一个像表2—12一样的会议经费预算表。

表2—12　　　　　　　　　　会议经费预算表

项目		专项费用	单价	数量	小计
展览	展厅设计				
	装修				
	设备费用				
资料	设计				
	印刷				
	发行				
	广告宣传费用				
会场	专项费用				
	其他杂费				
食宿	住宿				
	餐饮				
差旅费					
运输费	资料运输				
	设备运输				
服装					
礼品					
旅游					
其他杂费					
总计					

> **老C提醒：**
>
> 在作详细的费用预算时，应对整个会议进行全面考虑，要细心周到，预计可能发生的每笔费用。如长途电话费、酒水费、纸张费用、复印费、临时购买物品的费用等。预算应留有余地，同时又要避免浪费。

第九步　会议评估

会议评估是筹划工作的一部分，制作一个简短的评估表，请与会者填写，根据与会者的反馈，努力提高下一次会议的质量，以免重复发生同类错误。

另外，商务助理还需要从个人的立场来评价会议，扬长避短，不断改进。

【范本】

会议评估表

1. 您对本次工作会议的总体印象。

A. 非常好（ ） B. 好（ ） C. 一般（ ） D. 较差（ ） E. 差（ ）
2. 您如何评价该会议的收获？
A. 非常大（ ） B. 大（ ） C. 一般（ ） D. 较小（ ） E. 小（ ）
3. 您如何评价跟同仁的交流与合作情况？
A. 非常好（ ） B. 好（ ） C. 一般（ ） D. 较差（ ） E. 差（ ）
4. 您如何评价会场总体环境？
A. 非常好（ ） B. 好（ ） C. 一般（ ） D. 较差（ ） E. 差（ ）
5. 您如何评价多媒体设备条件？
A. 非常好（ ） B. 好（ ） C. 一般（ ） D. 较差（ ） E. 差（ ）
6. 您如何评价本次会议的议程安排？
A. 非常好（ ） B. 好（ ） C. 一般（ ） D. 较差（ ） E. 差（ ）
7. 请您谈谈本次会议最大的收获是什么，有哪些看法和建议？

实操演练

1. 实操背景

你所在的制药公司将于×××年12月28日在某地举办一次各地区销售经理代表会议，预计参会人员30人，共举行1天，作为商务助理需要制作一份会议经费预算分配方案。

2. 实操步骤

（1）分析会议费用预算主要包括的几个方面。
（2）对各个方面的费用分别进行预算。
（3）将费用按照不变成本、可变成本及应急成本进行分类，制作一个预算分配表。

3. 模拟时间

1个课时。

4. 参与人数及方式

5~7人组成一个小组，共同制作一份会议经费预算表。

5. 效果要求

学员熟练掌握制作会议经费预算方案。

工作任务二　会场服务

小 C：在商务会议中，商务助理具体有哪些工作呢？
老 C：主要是组织与会者签到、引导代表入座、发放会议文件、安排会议发言等。
小 C：所有的事情不都是只有我一个人做吧？
老 C：当然不是，一个人肯定忙不过来的，所以你要学会团队协作，合理安排人员。
小 C：我在前期筹备中可以预算出需要多少工作人员的吧？
老 C：是啊，那就是前面的商务会议筹备工作，需要在会议之前将所有的事项协调好。
小 C：那会议记录需要安排专门的人员吗？
老 C：对，这是个问题，如果会议是由你主持就需要安排其他人员记录，当然如果不是你就可以自己记录了。
小 C：听起来需要处理的事情挺多。
老 C：任何工作都是需要慢慢学习，不可能一蹴而就的。

基础知识

会场服务工作是保证会议顺利进行并取得圆满成功的重要环节，商务助理在做好前期筹备之后，必须了解会场服务工作的内容，并掌握相应的服务技能。

实操过程

第一步　组织与会者签到

与会者或会议代表在进入会场时，一般都要签到。这是一项重要的会前工作，目的是及时、准确地统计到会的人数，以便于安排会议工作。有些会议只有达到一定人数才能召开，否则会议通过的决议将是无效的。

1. 签到类型（见表2—13）

表2—13　　　　　　　　　会议签到类型

类型	具体内容	优点	缺点	适用会议
簿式签到	（1）与会者在会务工作人员预先备好的签到簿上按要求签署自己的姓名，表示到会 （2）签到簿上的内容一般有姓名、性别、职务、所代表的单位等，与会者必须逐项填写，不得遗漏	利于保存，便于查找及安排住宿	与会者太多，需要一一签到，浪费时间	一般规模的会议
证卡签到	（1）会务工作人员将印好的签证卡事先发给每位与会人员 （2）签证卡上一般印有会议的名称、日期、座次号、编号等 （3）与会者在签证卡上写好自己的姓名，进入会场时，将签证卡交给会务人员，表示到会	方便，避免临开会时签到造成拥挤	不便于保存查找	大、中型会议
会务人员代为签到	会务人员事先制定好参加本次会议的花名册，开会时，来一人就在该人名单后画上记号，表示到会。缺席或请假人员也要用规定的记号表示。例如用"√"表示到会，用"×"表示缺席，用"0"表示请假等	比较简便易行，但要求会务人员必须认识绝大部分的参会人员	逐个询问到会人员的姓名很麻烦也很不实际	一般规模的会议、常规性会议
座次表签到	（1）会务人员按照会议模型，事先制作好座次表，座次表上每个座位按要求填上合适的参会人员姓名和座位号码 （2）参加会议的人员到会时，就在座次表上消号，表示出席 （3）印制座次表，参会人员座次安排要求有一定规律，如从×号到×号是某部门代表座位，将同一部门的参会人员集中在一起，便于参会者查找自己的座次号	参加会议的人员在签到时就知道了自己座位的排数和座号，起到引导的效果	前期需要时间准备座次表	大、中型会议
计算机签到	（1）与会者进入会场时，只要把特制的卡片放到签到机内，签到机就将参会人员的姓名、号码传到会务中心 （2）参会者的签到手续在几秒钟内即可办完，将签到卡退还本人。参加会议人员到会结果由计算机准确、迅速地显示出来	较为快速、准确、简便		大型会议

2. 注意事项

(1) 认真准备。会前要将有关签到工具、设备准备好。用簿式签到，要事前准备好签到簿（见表2—14、表2—15）；如果采用证卡签到，就要事先印制好签到卡；如果采用计算机签到，则要准备好签到机，并进行测试，避免现场出现故障。

表2—14　　　　　　　　　会议签到簿（公司内部人员）

时间			地点	
主持人			记录人	

会议主题：

姓名	部门	姓名	部门	姓名	部门

表2—15　　　　　　　　　会务签到簿（公司外部人员）

姓名	公司名称	联系电话	房间号	入住时间

(2) 有序组织。要事先安排好签到处，以方便会务人员等候。如果签到时同时发放文件，则应将有关材料分袋装好，以免与会者签到时手忙脚乱，或让与会者等候。

(3) 及时统计。统计到会人数是一项急促而又细致的工作，领导往往在开会前的一两分钟就会向会务人员要到会人数、缺席人数及其名单。这就需要会务人员以最快的速度准确统计处理。

(4) 礼貌得体。当与会者互相介绍时，会务人员应热情、主动。如果与会人数较少，可负责介绍，对与会者逐一互相介绍，并陪同其到会议室或座位。如果与会人员众多，则只须微笑着与大家点头示意，再将他们引到衣帽间，然后引到登记处，最后陪同他们进入会场；也可安排其他会务人员引导与会者前往指定地点。

> **老C提醒：**
> 商务助理一定要嘱咐签到处的会务人员记住发言者、贵宾和重要人物的身份及到达时间，以便为他们在开会时的有关活动作相应安排。

第二步　引导与会者入座

很多情况下，与会者事先可能不熟悉会场，因此，商务助理还应安排一定的会务人员把与会者引导到相应的座位上去。如果与会人数众多，可以采用印刷座次表、在会场时设立指示标记、在签到证或出席证上注明座次号码等方式提示与会者。

第三步　发放会议文件

会议中所需要的文件材料，商务助理应及时、准确地分发到每位与会者手中。如果与会人数众多，也可安排专门的会务人员负责该工作。发放会议文件的方式主要有以下两种。

1. 会前发放

可以在与会者进入会场时，由商务助理在会场入口处分发给每位与会者；也可以在开会之前，按要求在每位与会者的座位上摆放一份文件材料。

2. 会中发放

可以分派会务人员到各组，负责每组文件材料的分发和收退。需要收回的文件材料，一般在文件的右上角写明收文人和收文时间，收文时要登记，以免漏收。

> **老C提醒：**
> 对于某些保密程度较高的会议文件，要按照编号分发。会务人员分发这种保密文件时，要注意准确性、保密性以及登记手续的完整无误。如果一次会议要发几个保密文件，每个人拿到的会议文件上的编号应一致。这利于会议文件的管理与回收。可以在会议文件上加盖与会者姓名章或在会议文件上写上与会者姓名，按人装封分发。

第四步　安排会议发言

有的会议在分组讨论的基础上，还要组织大会发言。虽然安排大会发言的决定权属于大会的有关领导同志，但是，会务人员可能被委托，先提出安排意见，供领导人审定。安排大会发言，要考虑如下几个方面的问题，见表2—16。

表2—16　　　　　　　　大会发言三平衡

序号	事项	具体内容
1	地区	在一天的会议中，可以听到不同地区与会人员的发言，使与会者能更快地了解到全面的情况
2	高层领导与基层领导	高层领导的发言，可能内容全面，政治性、理论性较强；而基层领导或做具体工作的与会者的发言，可能内容具体，材料生动丰富
3	主题	（1）要安排符合会议总体精神的主题，但注意不要过分重复主题 （2）相同内容的会议发言，不要紧连在一起，最好也不要放在同一天，以免影响与会者的情绪

第五步　组织分组讨论

在大中型会议中，许多问题往往需要在小组中进行讨论，小组会常常穿插在大会之间进行。有许多议题，一般先在小组中充分酝酿和讨论，形成初步意见，然后再在大会上通过。

概括地说，对与会人员进行编组的基本方法有两种：一是按地区进行编组；二是按专业进行编组。各组应事先指定召集人和记录员。

为及时了解小组会中的讨论情况，可派会务人员分别下到各小组中去，随时了解会议分组讨论的动态，掌握会议的进展情况，发现好的方法和建议，及时反映上来，用会议简报、快报的形式进行交流，因势利导，以便把会议开得更好。如发现问题，应及时纠正。

第六步　做会议记录

会议记录是当场把会议的情况，如发言人姓名、会上的报告内容、讨论的问题、与会者的发言、通过的决议等如实地记录下来的书面材料。

1. 会议记录的要求

（1）会议记录要求准确、真实、清楚、完整。记录人员应当有高度的责任心，以严肃认真的态度忠实记录发言人的原意，重要的意思应记原话，不得任意取舍增删。

(2) 会议的主要情况，发言的主要内容和意见，必须记录完整，不要遗漏。

(3) 记录字体力求清晰、易辨，不要过于潦草，不要使用自造的称呼或文字。

2. 会议记录的内容

(1) 会议的基本情况。会议记录中应标明会议的名称、开会的时间、地点、出席人、列席人、主持人、记录人。这些内容要在宣布开会前写好。至于出席人的姓名，如与会人数不多，可一一写明。

(2) 会议的具体事宜。主要有主持人的发言、会议的报告或传达、与会者讨论发言、会议的决议等。内容的记录有摘要和详细两种形式。

1）摘要记录。一般会议只要求有重点地、扼要地记录与会者的发言。对一般性的例行会议，只需概括地记录讨论内容和决议的要点，不必记录详细过程，见表2—17。

表 2—17　　　　　　　　　会议记录

会 议 记 录	时间	
	地点	
	记录	

议　题：

参加会议人员：

发言人	与会人员发言纪要

会议决议或任务要求

序号	内　　容	责任人	要求时限

密级	发送范围	签发

2）详细记录。主要是对特别重要的会议或者特别重要的发言所做的记录。详

细记录要求尽可能记下每个人发言的原话（不管重要与否），最好还能记下发言时的语气、动作、表情及与会者的反应。表 2—18 为专用性会议记录格式示例，表 2—19 所示为通用性会议记录格式示例，以供参考。

表 2—18　　　　　　　　　　专用性会议记录格式
××集团公司第（　　）次职工代表大会会议记录

时　　间	年　月　日　午　时　分　至　日　午　时　分
地　　点	
主 持 人	
出席人员	
列席人员	
缺席人员	
会议进程记录	
记录人　　　　　　　　　　　审核人	
审核日期	

备注：如果表格不足填写，后面可以附空白页。

表 2—19　　　　　　　　　　通用性会议记录格式
××公司会议记录

会议名称	
主办部门	
时　　间	
地　　点	
主 持 人	
出席人员	
列席人员	
缺席人员	
审核人　　　　　　　　记录人　　　　　　　　　　共　页	
发言内容及决议	

备注：如果表格不足填写，后面可以附空白页。

如果发言者是照稿子念的，可以把稿子收作附件，并记下稿子之外的插话、补充解释的部分。需要详细记录的发言，可采取速记的方法，也可以先录音，会后再整理。

3. 会议记录使用的工具

会议记录可采用统一制发的会议记录本或记录纸。使用灌注有黑墨水的钢笔或经国家档案局鉴定可用于档案书写的圆珠笔。这种圆珠笔芯上标有"DA"（"DA"为档案的拼音字头）标记。

4. 会议记录的技巧（见表2—20）

表2—20　　　　　　　　　　会议记录的技巧

序号	技巧	具体内容
1	快速	书写运笔要快，记得快。字要写得小一些、轻一点，多写连笔字
2	择要	择要记录主要包括： （1）记录一个会议要围绕会议议题、会议主持人和主要领导人发言的中心思想，与会者的不同意见或有争议的问题、结论性意见、决定或决议等做记录 （2）记录一个人的发言，要记其发言要点、主要论据和结论，不记论证过程 （3）记一句话，要记这句话的中心词，不记修饰语
3	省略	即在记录中正确使用省略法，如使用简称、简化词语和统称。省略词语和句子中的附加成分，比如"但是"只记"但"，省略较长的成语、俗语、熟悉的词组，句子的后半部分画一曲线代替，省略引文，记下起止句或起止词即可，会后查补
4	代替	即用较为简便的写法代替复杂的写法 （1）可用姓代替全名 （2）可用笔画少、易写的同音字代替笔画多、难写的字 （3）可用一些数字和国际上通用的符号代替文字 （4）可用汉语拼音代替生词、难字 （5）可用外语符号代替某些词汇 在整理和印发会议记录时，均应按规范要求处理

实操演练

1. 实操背景

你所在的外贸公司在×××年7月15日举行职工代表大会，作为商务助理，负责做会议记录。

2. 实操步骤

（1）确定会议类型。
（2）根据会议类型选择合适的会议记录格式。
（3）进行会议记录。

3. 模拟时间

1个课时。

4. 参与人数及方式

5~7人组成一个小组，一人扮演商务助理，其余人员扮演职工代表和公司领导，对会议进行记录。

5. 效果要求

学员熟练掌握会议记录。

工作任务三　主持商务会议

小C：商务会议都是由商务助理来主持吗？

老C：视情况而定，有的时候也可以邀请专门主持人来主持，但多数情况下由商务助理来主持。

小C：主持商务会议需要做什么准备呢？

老C：首先要明确会议的内容，根据内容来确定主持的风格。

小C：什么是主持风格？

老C：主持风格就是主持的语言吧，比如说严肃型、幽默型还是随意型的。

小C：在主持过程中好像还要注意一些礼仪吧？

老C：对，差点忘了，一定要注意走姿、坐姿、站姿，主持人的形象是代表公司的。

小C：感觉有好多事情需要注意，我会努力，把它们都记在脑子里。

老C：好。每一个细节都是需要注意的，只要时时刻刻提醒自己，然后实际主持几次会议，我根据你的表现给你一些建议，慢慢就会很自然。

基础知识

一、主持礼仪

主持人主持会议时，从走向主持位置到落座等环节，其仪态、姿势都应自然、大方，都应符合身份。

1. 走姿

主持人在步入主持位置时，步伐要坚定、有力，表现出胸有成竹、沉稳自信的风度和气概，要视会议内容掌握步伐的速度和幅度，具体要求见表2—21。

表2—21　　　　　　　　　　不同类型的走姿

会议类型	步速	步幅
庄严、隆重会议	步速适中，以每秒约2步为宜	步幅从容
热烈、欢快类会议	步速要快，每秒至少约2~2.5步之间	步幅略大
纪念、悼念类会议	步速要放慢，每秒1~2步之间	步幅要小
平常会议	步速适中	步幅自然
紧急会议、重要会议	步速加快	步幅加大

> **老C提醒：**
>
> 行进中要挺胸抬头，目视前方，甩臂自然。重要会议开始前，在步入主持位置的过程中，不要与熟人打招呼。一般性工作会议，如果时间未到，落座后可适当与邻座寒暄，与距离远的人微笑点头示意。行进中步速不能过快，不能跨大步，以免显得紧张、不安。如果特殊情况因故来迟，不要破门而入、跑步到位、大喘粗气，应该以手轻轻推门，进门后快步到位，放下文件袋、落座，先向等候者致歉，并简要说明原因，求得大家谅解，立即主持会议。

2. 坐姿

主持人主持会议多为坐姿。坐姿应端正，腰挺直，颈项伸直，面对前方，两肘轻按会议桌沿，对称，呈"外八字"。

> **老C提醒：**
>
> 主持中不能前倾或后仰，不能出现用手抓头、揉眼、摸脸，不停地喝水、抽烟等多余动作，以免显得紧张，不够沉稳。

3. 站姿

主持人以站立姿势主持时，要双腿并拢，腰背挺直，右手持稿底部中间。有风的天气，要双手持稿，与胸等高，与身体呈45°。脱稿主持人应两手五指平伸，自然下垂，身体不能晃动，腰背挺直，目视前方。两腿不能叉开，两手不能上抬、晃动、抓握话筒等。

4. 手势

主持人与一般讲话者不同，一般不需要手势。在一些小型会议进行总结概括时，可以适当加入手势，但是动作幅度不能过大。

二、主持语言

作为商务会议主持人，应特别注意语言的礼仪规范。
（1）所有言谈都要服从会议内容和气氛的要求，或庄重，或略带幽默。
（2）口齿清楚，思维敏捷，积极启发，活跃气氛。主持人一定要明确开会的目的，例如主持记者招待会时，主持人、发言人要对记者提出的问题反应敏锐，流利回答，不能支支吾吾；开座谈会、讨论会等，主持人要阐明会议宗旨和要解决的问题，切实把握会议进程和会议主题，勿使讨论或发言离题太远，而应引导大家就问题的焦点畅所欲言；同时，要切实掌握会议的时间，不使会议拖得太长。
（3）会议进行过程中，主持人对持不同观点的人，应允许其发表自己的看法，会议出现僵局时要善于引导，出现空场、冷场时应及时补白。

> **老C提醒：**
>
> 主持时，要处处尊重他人的发言和提问，不能以任何动作、表情或语言来阻止他人，或表示不满。要用平静的语言、缓和的口气、准确的事实来阐述正确的主张，使人心服口服。

三、注意事项

在主持会议的时候，既要节省自己和别人的时间，调节好气氛，也要有效提升会议的效率。开会要点包括：

（1）掌握好会议时间。为了尊重每个人的时间，开会最忌讳的就是拖延时间，尤其是一些商务性的会议。所以，要让会议顺畅地进行，要对每个议题的讨论有时间限制。

（2）把握会议的主题。一般的商务会议的目的有：沟通、管理、决策、表彰、总结。而不管哪一个目的，最重要的是以行动为焦点，避免没有讨论行动的会议。

（3）会议的黄金规则。作为主持要公开称赞多表扬，私下批评多沟通。避免公开批评别人的意见，影响与会者参与讨论的积极性，破坏会议氛围。

（4）会议尽量安排在非假日时间。不论是商务会议还是企业内部会议，除非很紧急的事情，不要在假日时间、非上班时间开会，以免影响大家的情绪。

（5）不运用团体压力使议案通过。不能利用会议，使一些违背原则、违背法规、不适当的议案通过，公司必须具有正确的价值观和社会责任感。

（6）开会时要公私分明，避免因私人的社交关系而影响决策的正确性和执行性。

（7）会议议程要清晰。开会前必须清楚这次会议的目的，建立清楚的议程，并让大家事先传阅，这样才能让与会人员有充分的时间准备相关的资料，提高会议效率。

实操过程

第一步　确定主持风格

主持人需要根据会议类型来确定主持风格，严肃的、幽默的或随意的，一般而言，规模比较大的，如总结大会之类的会议要比较严肃；如果是小型的工作交流会可以比较随意一些。

第二步　引导会议内容

遇到冷场，要善于启发，或选择思想敏锐、外向型的同志率先发言。有时可以提出有趣的话题或事例，活跃一下气氛，以引起与会者的兴趣，使之踊跃发言。

遇有离题情况，可根据具体情况，接过议论中的某一句话，或插上一句话做转接，巧妙柔和地使议论顺势回到议题上来。当发生争执时，如果因事实不清，可让与会者补充事实。如事实仍不太清楚，可暂停该问题的争执。主持者应设法缓和冲突，而不能激化矛盾，更不能直接参与无休止的争吵。

主持者要善于观察与会者的性格、气质、素质和特点，并根据各类人员特点，区别对待，因势利导，牢牢掌握会议进程。

第三步　掌握会议进程

主持人应随时掌握会议进程。可以事先写好会议的主持稿，简单规划各项进程的时间，保证会议在预设时间里完成。

【范本】

公司会议主持稿

主持人：此刻，窗外阳光灿烂，室内暖意融融！在新春佳节即将来临之际，我们大家欢聚一堂，召开×××年度公司总结暨表彰大会，主要目的是总结一年来的工作经验，吸取教训，共商公司未来发展大计，并对为公司各项工作的发展作出突出贡献的部门和员工进行表彰和奖励。

首先我代表××公司感谢××、××对我们会议的大力支持！感谢工作人员提供的帮助！

为保证会议有序进行，在会议正式开始之前，我提几条要求：
1. 请所有与会人员暂时关闭手机，不要接打电话；
2. 不要在会场内外来回走动，大声喧哗，或交头接耳；
3. 不要随地吐痰、抽烟、乱扔废弃物；
4. 会议结束以后，先欢送领导和来宾退场，然后依次序退场。

现在正式开会：

第1项：公司总经理××代表公司宣读对××同志任命的决定；（1分钟）

第2项：公司董事长××为××同志颁发聘书；（1分钟）

第3项：××作就职发言；（5分钟）

第4项：××代表公司宣读《公司关于颁布规章制度的决定》；（2分钟）

第5项：各部门代表依次作本部门年度工作总结；（50分钟）

第6项：××作×××年公司总结报告；（45分钟）

第7项：××宣读公司对优秀部门和先进个人进行表彰和奖励的决定；（3分钟）

第8项：××为优秀部门颁发荣誉证书和奖金；（3分钟）

第9项：××为公司先进个人颁发荣誉证书和奖金；（10分钟）

第10项：××作重要讲话。（5分钟）

主持人：上午的会议开得既圆满又成功，××的总结报告不仅对公司一年来的发展进行了全面、客观、公正的总结，还提出了公司第三个五年计划的发展思路，描绘了公司美好的未来。××的讲话站得高、看得远，使我们每一个人都能感受到公司的光明前景，更加坚定了我们每个人的信心，是一个振奋人心、催人奋进的大会！

会后，我们要深入学习、领会这次会议的精神，在×董事长、×总的正确领导下,继续坚持"××"的经营理念和"××"的发展方针,团结一心,共同努力,务实开拓,不断创新,共同为××公司的美好未来贡献我们的力量和智慧!

××××年总结暨表彰大会到此结束,公司董事长为表达对各位来宾及全体员工一年来为公司所做的工作的谢意,中午特意在××宴请大家。并于下午2点举行××公司和××公司迎新联欢会,为大家准备了丰富多彩的文艺节目,请届时欣赏。

第四步 创造会议气氛

会议主持人角色扮演的好坏对会议的气氛有很大的影响。会议主持人宣布开会、散会、休息,主持会议应公平、公正,客观地行使其职权。

> **老C提醒:**
>
> 会议主持人在会议中,应做到以下几点:
> (1) 应明确介绍所有来宾及参与开会的人士。
> (2) 如有许多贵宾,无须请贵宾一一致辞,请一位代表即可。
> (3) 如同时有两人以上请求发言,这时若没有其他补充发言时,可请距离主持人较远者先发言。
> (4) 维持会场秩序,并遵守会议规则。
> (5) 不可在发言人尚未发言完毕时随便插话,但有权控制发言人的发言时间。
> (6) 请人发言时,态度要诚恳,用语应有礼貌。
> (7) 有人发言时,应看着发言人,仔细聆听。

实操演练

1. 实操背景

你所在的×××公司将在某市举办一次年度总结会议,作为公司商务助理,你需要主持本次会议。

2. 实操步骤

(1) 根据会议类型确定主持风格。
(2) 引导会议内容。
(3) 写好会议的主持稿,简单规划各项进程的时间。

(4) 创造会议气氛。

3. 模拟时间

1个课时。

4. 参与人数及方式

5~8人组成一个小组，根据会议类型确定主持风格，再由一人扮演主持人进行主持，共同完成模拟程序。

5. 效果要求

学员熟练掌握商务会议的主持事宜。

工作任务四　参加商务会议

小C：商务助理经常需要参加商务会议吗？
老C：是的，如果是与公司有关的，就需要去参加。
小C：那参加商务会议需要做什么准备呢？
老C：要熟悉会议的内容，携带纸和笔，摘要记录。
小C：参加商务会议可以穿休闲装吗？
老C：最好穿工作装，那样显得比较正式和有礼貌。
小C：如果我在会议中想发表意见怎么办呢？
老C：切忌不要打断其他人的发言，你可以举手征得主持人同意之后再发言。
小C：感觉禁忌挺多的。
老C：是啊！还有更多的你可以通过下面的学习逐渐了解。

基础知识

作为一名商务助理，在参加商务会议时，需要注意的事项主要有以下几个方面。
第一，不要迟到。

若你是新人（会议新手），提早进入会场是有好处的，因为你可以向早到的与会者作自我介绍，联络感情；也可以多请教前辈，更深入理解会议内容，以提早进入状态。新人必须以友善且正式的方式将自己介绍给对方，如告诉对方你是外地来的，你的姓名、代表公司或单位、负责部门等，并出示名片。

第二，学会交流。

会议若因某人迟到而延迟，不要一个人坐在位子上干等或显得不耐烦，可适时与周围的与会人士交谈，聊些与主题相关的事或时下流行的话题。

第三，熟悉会议内容。

到会场时态度应从容就绪，不要慌慌张张，一副对会议主旨摸不着头绪的样子。参加任何会议都最好事先将开会的目的、内容作一番深入了解，在开会时才能顺利进入状态。

第四，整理发言稿。

开会时若需发言，到会场时应将报告的内容及资料再整理、过目一下，必要时可要求管理人员再测试一下视听设备，以便会议进行时的报告发言能顺利、畅通。

第五，不宜擅自录音录像。

如果要在会议中使用录音设备录音，应事先征求主持人同意，否则，不宜擅自录音。若需录像，宜在会议开始前就架设好设备，以免到时手忙脚乱。

第六，做好会议记录。

除了指定的会议记录人员之外，与会者也宜记下他人或自己的讨论及评论要点，以吸收别人的意见与经验。不要因无聊而打盹，也不宜随手在纸上任意涂写或玩弄纸笔，这些举动会给人留下不好的印象。

第七，不要任意打断他人发言。

不可任意打断他人的发言，应等对方报告到一段落或结束时再提出问题，对于对方的论点有听不清楚或不明了的地方，可要求对方再进行说明。但无论任何发言，都应尊重议事规范，先举手等点名之后再说。

第八，流利表达观点。

在会场上要轻松流利地阐述自己的观点，尽可能地避免紧张或词不达意。对于他人的见解如果不能认同，也应控制自己的情绪。暴躁地加以否定是粗俗不礼貌的。你可在对方说完话之后，进行一番心平气和的评论，以显示不同意见。面对其他与会者发表意见时，要注意用词的准确性，"我"是代表个人，而"我们"则是代表公司、团体或某些人。

第九，会场禁止吸烟。

如有吸烟的习惯，要了解会议室内能否吸烟。现在大部分会议场所是禁止吸烟的，有些地方连洗手间内都不允许吸烟。如果实在需要，可利用会中休息时到指定吸烟的地点去吸烟。

第十，避免不雅的行为。

例如，会场若供应饮料，宜用会场提供的环保纸杯饮用，不可拿着罐子或大的瓶子对着嘴喝，避免不雅的仪态。

实操过程

第一步 做好会前准备

在参加一个商务会议之前，需要确认会议的时间、地点，熟悉会议的主题、会议的主要参加人员，如有需要，可以向召开会议的公司或部门提前咨询。

> **老C提醒：**
> 如果会议在外地举行，需要提前到达该地适当休息，避免迟到及其他意外状况发生。
> 商务助理衣着应以正式上班服装为主，不可过于随便。如果是在室外举行，可以事先询问是否可以穿休闲装。

第二步 参加会议

参加会议要按顺序入场，不要拥挤。进入会场后，要找到自己的座位就座。如果有标志，如某公司代表之类的，就在自己的座位坐好。如果没有标志，要询问会场工作人员，应该坐在哪里，然后入座。

在会议进行中，商务助理要认真倾听每一位发言人的发言，做好会议记录。如果自己需要发言时，应先做好准备，理顺提纲。

> **老C提醒：**
> （1）在会议开始时应将手机关闭或调至振动模式。
> （2）切忌开会时闲聊、看书报、摆弄小玩意儿、抽烟、吃零食、打瞌睡或随意进出会场。
> （3）在会议进行中，要发言时，应先举手。会上发言时，应口齿清楚，态度平和，手势得体；不可手舞足蹈，忘乎所以或口出不逊。
> （4）发言开始时要向听众致意。发言要严格遵守会议组织者规定的时间。发言结束，要向听众致谢。

第三步　离开会场

会议结束后，商务助理要按照会议组织方规定的顺序离开会场，不要拥挤和横冲直撞，避免发生踩踏事故。

实操演练

1. 实操背景

××省安防行业会议将于××××年10月中旬在某市举行，作为一家安防企业的商务助理，你将代表公司参加此次会议。

2. 实操步骤

（1）确认会议的时间、地点，熟悉会议的主题，会议的主要参加人员。
（2）了解参加会议的注意事项。
（3）正确地离开会场。

3. 模拟时间

1个课时。

4. 参与人数及方式

4人组成一个小组，一人扮演会议主持人，一人扮演参会商务助理，其他两人扮演参会人员，演示会议过程。

5. 效果要求

学员应熟练掌握参加商务会议的注意事项，做好公司的形象代言人。

练 习 题

一、单项选择题

1. 在商务会议费用中，（　　）是主要的开支之一。
   A. 交通费　　　B. 住宿费　　　C. 餐饮费　　　D. 会议室/场地费
2. 在布置会场中，（　　）能从心理上影响整个会议的效率。
   A. 座次安排　　　　　　　　B. 制冷、制暖系统
   C. 室内噪声及分神之物　　　D. 照明
3. 从会议效果来看，以下四种会议中的最佳选择是（　　）。
   A. 现场会议　　　　　　　　B. 本地非现场会议

C. 外地现场会议　　　　　　　　D. 外地非现场会议
4. 在常用的视听设备中，（　　）方式最适合用在点子大会上捕捉新思想。
A. LCD 投影仪　B. 录像机　C. 悬挂式投影仪　D. 活动挂图

二、多项选择题

1. 会议请柬的内容有（　　）。
A. 会议举行的日期、时间和地点　　B. 议题
C. 议程　　　　　　　　　　　　　D. 与会者应该随身携带的会议资料
2. 会议的类型有（　　）。
A. 现场会议　　　　　　　　　　　B. 本地非现场会议
C. 外地现场会议　　　　　　　　　D. 外地非现场会议
3. 主持人的主持礼仪有（　　）。
A. 走姿　　　B. 坐姿　　　C. 站姿　　　D. 手势
4. 在走姿中，步速适中适合于（　　）。
A. 庄严隆重会议　　　　　　　　　B. 重要会议
C. 平常会议　　　　　　　　　　　D. 纪念、悼念类会议

三、是非判断题

1. 当发言人使用幻灯片时，可使用 LCD 投影仪。（　　）
2. 住宿费里面有些价格是完全价格，而有些是需要另外加收税金的。（　　）
3. 参加商务会议时，若因某人迟到而延后，可以一个人坐在位子上耐心等待。（　　）
4. 当与会者人数近 50 人时，要考虑将他们分成小组，特别是想要寻求策划或解决问题的创意时。（　　）

四、简述题

1. 请简述选择会议现场应注意的事项。
2. 请简述商务助理在参加商务会议时需要注意的事项。

参考答案

一、单项选择题

1. B　2. A　3. A　4. D

二、多项选择题

1. ABCD　2. ABCD　3. ABCD　4. AC

三、是非判断题

1. ×　2. √　3. ×　4. ×

四、简述题

略。

岗位职责三
参加商务展销会

基础技能要点

展销会的类型
展销会的宣传工具
选择合适的展销会
展厅设计考虑因素
选择场地
款待来宾

核心技能要点

怎样调动展销员积极性
合理利用信息卡
制定营销策略应考虑的问题
怎样宣传展销
海外展销的建造展厅方案

工作任务一　策划展销活动

小C：我以前参加过展销会。

老C：是吗？那你认为什么是展销会呢？

小C：我参加的是一次动漫产业的展销会，感觉是做一种推销吧，只不过是一个公司全包装的推销，规模比较大。

老C：展销会是由一个或若干个单位举办，具有相应资格的若干经营者参加，在固定场所和一定期限内，用展销的形式，以现货或者订货的方式销售商品的集中交易活动。

小C：听起来太专业了，搞不明白了！

老C：没关系，你只要明白怎样策划好一次展销会就可以了，跟着我做几次你就会慢慢地从专业化的角度进行思考然后策划的。

小C：展销会前期策划需要做的准备比较多吧？

老C：是的，如果需要，还要进行实地考察。

小C：那还挺复杂的。

老C：任何事情都是需要学习的。

基础知识

展销会是指由一个或若干个单位举办，具有相应资格的若干经营者参加，在固定场所和一定期限内，用展销的形式，以现货或者订货的方式销售商品的集中交易活动。

一、展销会的类型

展销会按照不同的分类标准可以分为不同的种类，一般根据地域进行分类，见表3—1。

表3—1　　　　　　　　展销会类型（按地域划分）

类型	影响范围	参观者
国际性展销会	全世界	来自世界各地的客商
国内展销会	全国	国内的顾客
地区展销会	地区所在省	周边100~200千米的参观者
地方性展销会	邻近地区	当地人

二、展销会宣传工具

商务助理需要了解如何在不同时候使用不同的宣传工具在展销会上推销企业的产品，同时向行业及外界人士推荐自己的企业。

1. 展销前的宣传工具

（1）个人请柬。个人请柬主要用于邀请特殊群体（如主要客户及那些有望成为你客户的人）。最好是在展销会开始前的一周将请柬送到被邀请者手中，以给予被邀请者充分的时间来安排行程。

【范本】

请　　柬

×××：

兹××公司于6月12日上午9：00—12：00参加在××市会展中心举行的展销会，敬请届时光临。

××公司
2010年6月2日

> **老C提醒：**
> 要想使请柬更具有影响力，可以以公司高层领导的名义发送请柬。另外，可以将展销会提供的贵宾卡或打折的门票随请柬一起送达。

（2）打电话。可以在展销会举办前一周打电话给有望成为客户的人定好时间，参观展览。只要其答应在定好的时间出席，一般都会参加。

（3）可以运用寄发明信片、信件，发传真及电子邮件等方式邀请。

（4）利用媒体进行宣传。这是很多企业的共同选择，但是需要了解适合展前做广告的媒体，例如：行业出版物、协会业务简报、地方出版物、广告牌、地方广播电台或电视台、交通广告、展销网站（如头条广告）、公司网站等。

2. 展销中的宣传工具

（1）利用媒体进行宣传。适合展销中做广告的媒体有：展会节目单、展会每日出版物、城市广告牌、出租车、气球、宾馆闭路电视、当地电视台和广播电台、机场广告牌、公用电话亭、展厅的电子信息板等。

（2）赞助宣传。展销会常有宣传性质的赞助，比如赞助展销会的水杯上面印上企业名称及简介，当每个人拿水杯喝水时就会看到。此外，新闻室、休息室、演讲人或贵宾休息室、接待处、培训方案、旗帜、视听设备、展示用的计算机、购物袋、交通工具等也是企业经常会选择的赞助项目。

3. 展销会后的新闻发布会

一般在展销会结束之后都会举行新闻发布会，这是推介企业的一个很好的机会。新闻发布会应当发布最新动向、统计数字、有价值的重要信息或展销会上的订单等。

三、调动展销团队的积极性

一般在展销会即将结束时展销员会有倦怠的心理，但这时正是那些真正购买者的黄金时刻。下面几点建议可以用来调动员工的积极性。

（1）选择自愿当展销员的员工。

（2）高层管理人员身体力行，在展位上帮忙，参与培训活动及展前、展后的活动，以显示对展销的充分关注，以高涨的热情感染普通员工。

（3）可以采取各种形式奖励在展会上取得优异成绩的人：

1）完成销售额的、接到新订单的、客户信息卡收集数量多的。

2）可以采取个人感谢信的形式或物质奖励。

3）可以采取吃饭的方式。

4）可以每天选出一名最佳展销员。

（4）树立团队精神。在展会上工作的每一名员工，应该尽力去帮助别人解决困难。如果展销队伍庞大，可以把他们分成若干小组，让技术人员和展销人员并肩工作。鼓励他们制订自己的展销计划，这样做有利于在小组内部形成自发的积极性。作为一个团队，需要展前相互熟悉、相互之间建立信任感，掌握每个人的特点和专长。

可以考虑外聘顾问，为团队输入崭新的活力。可以请顾问进行展前培训，以便使每个人都清楚自己在展会上的任务，只有这样才能够取得最佳成绩。

（5）每天进行工作回顾。每天的工作结束时，召开一次简短会议，用来回顾当天的工作。鼓励全体队员都参加，目的是发现不足，改正错误，以便第二天能够做得更好。商务助理应该对每个人所取得的成就做到心中有数，以便在小组内部提出表扬。

四、保证展销会富有成效

如果想让公司真正从展销会所付出的劳动中受益,必须保证会后采取合适的后续活动。

1. 合理利用展会信息卡

通常,销售部门对在展销会上收集的信息卡反应很冷淡,因为大家普遍认为这些卡片没有什么实际内容——它们只是冷冰冰的商业卡片或印制在公司用户信息卡上的千篇一律的基本信息,因为销售人员需要有用的信息来制订下一步的方案,他们需要的是有价值的信息。

公司在展会后所面临的一项棘手的工作是计算并处理在展会上收集的卡片。卡片往往被送到销售部门,至于结果如何,就不得而知了。因此,展销会开得如何,投资回报情况又是怎样,就很难衡量了。

要把信息卡得到的信息转化成为营销资讯。展会参加人数越多,企业受益就会越大。要弄清楚这一点,需要知道在展会上所取得的成绩。所以,应该为每一次展会制定一些具体的目标,对此要做到心中有数。记住,这些目标一定要切合实际,要和公司的整个营销目标一致。

制定目标时,要和全体展销人员一同协作,这样做可以增强他们对展销的责任感,提高他们参与的热情。具体目标就是衡量所取得的结果的标尺。目标必须是可测量的——一定的销售数额、百分比或信息卡的数量——以便衡量你的成功度。

展会前,需要花时间去了解卡片的收集过程。向销售员解释收集到的卡片的重要性,说服他们不要掉以轻心。确定每一个人都能正确地使用卡片及操作读卡器——一种高科技的卡片管理系统,许多展销会承办商都会为展销商提供这种读卡器(注册时,每个参观者都会拿到一个带计算机芯片、磁条或条形码的卡片。注册信息收集于此,包括参观者的基本信息:姓名、公司、地址、电话、传真或其他资料)。

一天的工作结束后,在卡片送去处理前,召开一个简短的会议,和展员们交流一下热点卡片,这可以给他们提供一个丰富信息的机会,有助于采取进一步行动。

2. 制订下一步方案

制订下一步方案的最佳时机是在展销会前。考虑在展会上选择一名展员负责在一天的活动结束后收集热点卡片的工作,并在当晚传回总部进行分析。委任一名公司员工作为后续工作的经理。此人不需参加展会,只要负责执行在展前就已制订好的下一步计划即可。

应及时给来展位参观的人发送信件、电子邮件或传真,对他们的参观表示感谢,让他们知道他们可以接到公司发出的信息。不管采用哪种方式,都要及时行动,例如展后的 3~5 天内。如果行动不迅速,竞争对手就会捷足先登。

3. 信息追踪

收集到的信息卡和所获得的信息都需送交合同管理中心处理。除了每个参观者的基本信息外,还需要收集记录在信息卡上的和销售代理记录的有关参观者的详细信息。鼓励销售人员记录好在展会上收集的所有信息以便知道哪位参观者对本公司的产品及服务最感兴趣。

4. 实行销售人员负责制

信息卡是非常有价值的东西。展销员花费了大量的时间和精力去收集它们,所以一张都不应该浪费。因此,必须要求销售人员对他们领到的每一张信息卡负责。

要求每位销售员在规定的时间内交上一份书面的信息卡情况进展报告,然后把它们存入数据库以便能够随时掌握销售状况,此数据库也可以提供一个评价展会投资收益情况的好办法。

5. 结果测算

掌握信息卡上的信息可以使你直接衡量参加展销会的销售额。记录下来的数据使你能够计算投资收益并可以向管理层提供一个参加展会的最终效果分析报告。其他重要信息,包括参观者的类型,参观的日期,感兴趣的产品及服务,购买意向,展前宣传活动的结果等。

测算每次展会信息卡的成本,只需将整个展会的费用除以所收集到的卡片的数量即可。测算每次展会销售的成本,则用整个展会费用除以销售的总数就行了。

展会成功的关键在于信息卡的管理。商务助理必须首先明确想达到的目标,建立有利于消费者的策略。最后,采取能保证赢利的后续方案。稍具远见和预见性,结果就会令人满意。

实操过程

第一步 选择合适的展销会

并非所有的展销会都需要去参加,要去参加的一定是适合企业的。策划展销会首先需要选择合适的展销会,这就需要商务助理在平时的工作中,多留意各种展销会信息,特别是行业类的展销会,有定期的也有临时由某个部门组织的。那么,在选择时应考虑哪些问题呢?

(1) 这种展会是否能够很好地适用本公司的营销计划?

(2) 展会期间公司有无其他安排?
(3) 展会地点交通是否便利?
(4) 参加展会的人员将有多少属于本公司的目标客户?
(5) 参加展会的人员有多少是本公司的现有客户?
(6) 展销会主办方采取哪些措施来进行宣传?
(7) 类似的展会以前的成功率是多少?
(8) 哪些竞争对手已确定参加展销会?

> **老C提醒：**
> 　　在决定是否参加展销会之前，可以通过电话、电子邮件向展销会主办方了解情况，如有需要，可以亲自到实地进行考察之后再作决定。

第二步　阅读展销会手册

每个展会都会有不同于其他展会的规则，且以不同的文本呈现，难易程度不一致。在展厅登记过后，你就会得到一本小册子，对展销会方方面面的情况都作了详尽的介绍。因为小册子上提供的一些基本信息将直接影响展销成功与否，所以一定要予以重视。

展销会手册基本信息通常包括以下几个方面:
(1) 展会安排。
(2) 合同信息。
(3) 登记、服务申请表。
(4) 用电服务。
(5) 场地安排。
(6) 展品规格。
(7) 海运及货运服务。
(8) 住房信息。
(9) 广告和宣传。

第三步　制定展销会营销策略

展销会是公司整体营销运作中一个强有力的方面，是本公司整个营销计划中的一个重要组成部分，应该制定出短期和长期目标。

在决定参加展销会之后，可以根据展销会手册来制定营销策略，同时需要考虑以下几大类问题，见表3—2。

表 3—2　制定展销会营销策略应考虑的问题

序号	问题	
1	展销会有哪些地方适合本公司的营销策略	(1) 企业想在现有市场内增加现有产品或服务吗 (2) 企业想把现有的产品或服务投入到新的市场中去吗 (3) 企业想把新产品或服务投入到现有市场中去吗 (4) 企业想把新产品或服务投入到新市场中去吗
2	展销会要达到什么样的目标	(1) 企业要增加多少销售额或订单 (2) 企业是否需要教育目标客户 (3) 企业是否需要发布新产品及服务项目
3	企业想要展出什么	(1) 企业是否需要展示新产品 (2) 企业是否需要展示企业文化 (3) 企业是否需要展示模拟生产线
4	谁是你的目标顾客	(1) 目前客户还需要进一步交流 (2) 参加的供应商有多少家 (3) 是否有直接的消费者参加
5	企业的展销预算怎样	(1) 展销会场地需要多少费用 (2) 展销会展览设计需要多少费用 (3) 展销会差旅费需要多少 (4) 展销会需要多少广告、宣传等活动费

第四步　确定场地、展销方式和展厅设计方案

展销策划中很重要的一部分是需要知道要多大的地方来摆放展品。

1. 计算出所需的场地

在决定需要多少场地面积时，应该明确目标，更重要的是考虑预算。一些企业会首先考虑在市场中的规模，然后再相应地租用展会场地。

> **老 C 提醒：**
>
> 展会场地一般以 10 平方米的倍数售出，价格是以平方米计算的。展销会越大就会越有影响力，每平方米的价格就会越高。展品同样会影响你需要的空间的大小。如果你打算展示一种大型设备，同时还要演示，就要为演示者和参观者留出足够的空间。

2. 场地定位

每个公司都想在展会上得到理想的位置。但是，展销会各不相同，最佳位置也

会因公司不同而异。

（1）指导原则。调查表明，展销大厅的右方和中央最能吸引参观者。如果计划参加的展销会每年都在同一地点举行，可研究一下人员流动的模式，然后选择下一年的场所。

（2）了解展会的布局。决定场地之前，应与展会管理部门商讨展会的布局，了解哪些地方最具吸引力、行业的领导者位于何方、竞争对手在哪里，然后决定自己的位置。

> **老C提醒：**
>
> 在选择位置时，有以下几点需要注意：
> （1）避免与展示设备噪声很大或其产品对人们有着巨大的吸引力的公司做邻居。
> （2）应该远离黑暗、不光亮的地方或死胡同。
> （3）尽量不要把展台设在厕所附近。

（3）查看展览室平面图。在查看展览室平面图时，要慎重对待平面图上的每一个标记，如有必要，可使用放大镜。在平面图上，看起来像一粒灰尘的小黑点，可能是一根圆柱；一条横线可能就是低低的天花板，这些都可能影响到你的展销效果。在预订场地前，要对平面图做到心中有数。

3. 选择展销方式

目前市场上常用的展销方式见表3—3。

表3—3　　　　　　　　　　　展销方式

种类	特点
模块式展销	模块可以互换。例如，若整个展销分5个模块，这些模块在展厅里分成几个组合，以适应场地或做成不同的外观
自动式展销	此系统出自海运集装箱，采用自动式是为了便于安装
摆在桌面上展销	把产品放在5~8张桌子上用于展示。这种方式易于搬运，通常也是耗资最少的一种展销
面板式展销	此系统由连锁、大功率面板组成，用于展示商品
图示面板式展销	此系统和面板展销相似，只不过面板通常图示较大，不能用于盛放商品

4. 展厅设计应考虑哪些因素

在展销会中,公司展销的目的是招揽顾客以便达到营销目的,而一个独特的设计会更加吸引人的注意,通常设计展厅应考虑以下因素,见表3—4。

表3—4　　　　　　　　　展厅设计应考虑的因素

因素	内容
体现公司参展的目的	明确表述是一家什么样的公司,公司是做什么的,公司是怎样做的。告诉人们为什么考虑应该和本公司做买卖,对他们有什么好处
企业想展示的形象	你想人们怎样评价你的公司,是高科技、现代、时尚、传统?还是花里胡哨?或者你想让人们把你们看成是一个守旧的大公司
图示的设计	要想方设法使它变得生动有趣,可以做得和实际一般大,也可以再大点儿,这样更能吸引人的注意力
家具的挑选	在挑选家具时尽量使用那些能够制造出甜蜜而温馨氛围的
花草的配备	花草可衬托图示,把电线隐藏起来,给周围的环境增加一些生机

> **老C提醒:**
>
> 在设计考虑的因素中,需要注意以下事项:
> (1) 展台的颜色和包装的质量应和公司的形象互为补充。
> (2) 可以用灯光来强调展出的产品,营造氛围。
> (3) 使用特殊效果来抓住参观者的注意力,如移动的物体、音响、魔术师、机器人、模特、条幅等。
> (4) 图示一定要简明扼要,并且要使用动感词汇,还可以采用公司的图标来表明身份。
> (5) 桌子放在旁边,上面可以放小册子或其他资料,以免在展台与走廊之间制造障碍。
> (6) 使用绢制花草的效果要好于使用真的,而且可以重复使用。

第五步　宣传企业的展销

展销会管理人员只负责向合适的人群宣传展会。但是,参观者在展会上做什么,到哪里去,却不在展会管理人员的控制之下。因而,展销商有责任告诉参观者你们在展销什么,你们的展销地又在何方。

据调查显示,76%的参观者都是有备而来的,但如果不知道你在展销,那么找到的机会将会十分渺茫,尤其是在大型展会上。所以,宣传展销便成为展销成功的一个重要因素。通常宣传展销应包括以下两点：把有希望成为顾客的人吸引到自己的展台前来；加强人们对于产品、服务及信息的正面记忆。

1. 制订宣传计划

制订一个高效的宣传计划，需要考虑3个基本问题：
（1）怎样宣传才能使人们记住你的公司、公司信息、产品及服务？
（2）采用哪些策略可以取得成功（结果可衡量）？
（3）怎样才能合理地分配你的预算？

2. 确定宣传计划

营销中非常关键的一部分是在展前、展中和展后进行宣传。大多数展销商都缺乏包括这三方面的计划。当然，决定哪些宣传活动及这些活动要花多少钱取决于预算。

（1）锁定好宣传目标。展前宣传成功的关键是锁定好目标，即那些真正想走入你的展厅、想获取多一点信息、想和你做生意的人。展前成功宣传的形式很多，比较明确的方案是以不同的参观者为目标。不同的客户类型及特征见表3—5。

表3—5　　　　　　　　　　客户类别及特征

序号	客户类别	特征
1	主要客户	这组客户非常重要，占你业务量的大多数，大约是80%
2	其他客户	这组客户购买你的产品，但并非只与你的公司有业务上的往来，这就意味着你还有机会争取他们更多的业务
3	有希望成为你客户的	这组人应该列在名单的首要位置。他们购买公司的产品只是个时间问题
4	其他有希望成为你客户的	如果公司肯把时间化在这一部分人身上，他们肯定会乐于购买公司的产品

（2）明确参观者的需求。宣传策划成功的关键是明白参观者的需求。人们走进零售店的第一原因是商店里有所需要的物品，参观你的展览的第一个原因与进零售店是一样的。

老C提醒：

参观者在展销会上寻求的信息如下：
（1）人们去参观展销会的一个重要原因是要发现最新信息。他们热切地想知道有关的最新技术、最新应用及什么东西能够帮他们省钱、省时。所以，要提供给他们一些这样的东西。即使企业没有新技术或新服务要推荐，那么也要从一个新的角度来宣传企业的产品或服务。

(2) 有望购买者需要的是指导和建议。企业应该在这方面来表现，显示一下企业的专业知识及具体的产品和服务，这样会使那些摇摆不定的购买者与企业合作。

(3) 大多数人参观展销会是为了自身的发展，其中有些人对改善他们工作的一切都感兴趣。所以，一有机会，就给这些参观者讲一讲。这样做可以增加企业在展会上的可信度，表明企业的兴趣不仅仅是销售产品和服务。

(4) 人们在工作当中会遇到各种各样的挑战，他们希望能够得到帮助。他们来到展销会的目的就是找到理解并能帮他们解决问题的人或公司。

(5) 参观者在寻找能帮其解决工作中的问题或挑战新问题的方法，希望在展销会上能够找到解决这些问题的具体办法。如果企业做得非常出色，企业的产品及服务正是他们希望和需要的。

3. 创造令人难忘的风格

要设计这样的风格，应考虑以下3个问题：

(1) 你公司展示的是什么东西，那样迷人、那样热门又是那么的与众不同，以至于人们都蜂拥到你的展台前来，争着和你做买卖？

(2) 你公司采取哪些措施使自己强于竞争对手？

(3) 你公司对购买者提供的哪些东西有实际价值？如优异的质量保证、快捷运送、最低价格等。

4. 仔细选择宣传工具

宣传工具是你与那些你希望的参观者之间进行交流的方式。你使用的宣传工具一定要反映你自己的风格，并能代表公司的最好形象。

第六步 配备展销员

公司的形象除要有一个精心设计的摊位、别致的广告或给人印象深刻的宣传品外，展销员对于展销取得成功的作用也是不可低估的。所选的展销员就是企业的大使，他们肩负重任。他们是否能和与会者、未来的客户、现在的主顾搞好关系直接影响企业展销效果和企业形象。

1. 挑选合适的团队

挑选队员应建立在他们对公司的产品及服务了如指掌的基础之上。

> **老C提醒：**
>
> 一般挑选以下几类员工作为展销员：
>
> (1) 有人缘的员工。一般来说，他们喜欢并善于和各种各样的人交流。他们好交际且待人友善，喜欢和别人建立友好关系，是优秀的团队协作者。
>
> (2) 有热情、有朝气的员工。这部分人可以作为自己公司的代表。他们对自己和所代表的公司持肯定态度。其激情和热忱极富感染力，从而有利于销售的进行。
>
> (3) 有观察力的员工。在产品展销会上组织的所有活动中，展销人员必须具备能够观察出各种异样之举和非语言行为的能力。
>
> (4) 具备良好专业知识的员工。这类员工能够按照客户的要求提供合适的产品及服务。一般来说，展销员只需要3~5分钟就能给顾客留下印象。展销会不适合新手参加，公司的新员工往往弄不清楚客户说的都是什么。
>
> (5) 善于倾听的员工。展销员必须是一名优秀的听众。交谈中，参观者经常会流露出他们有兴趣购买的口风。展销员需要将全部的注意力集中在这些来访者身上，巧妙地问一些问题，注意对方的回答。
>
> (6) 能体谅他人的员工。展销员需有体谅他人的性格。有了这种能力，他们就能够设身处地为参观者着想，对参观者表示理解、感激，并且想办法及时解决参观者要求及关心的问题。

2. 组团参展

组团参展是指参加展销会的所有成员组成一个团体。这就需要商务助理做好各项协调工作。在展会前，应组织一次团体会议，讨论一下下面的问题。

(1) 回顾参展的理由。解释说明公司参展的目的及企业想通过此次展会取得的效果。利用这个时间将公司展销的目的和目标告诉员工。

(2) 熟悉展品。让企业的展销队伍知道计划展销的某个产品及其服务。另外，如果企业想举办某些活动，一定要让展销员们知道。

(3) 鼓励员工制定个人目标。鼓励员工在展销总体目标的基础上确定个人目标，增强展销员的主人翁责任感，改掉懒散的毛病，使他们自己的目的更加明确。

参加展销工作的员工也需要知道，根据每天的安排他们应该做什么。例如，企业希望他们和多少客户交流，希望他们得到什么样的信息等。

(4) 告诉员工如何达到企业要求。企业的展销员不仅要具备优秀的销售技能，还要具有专业的展销技能，知道如何演示展销产品和满足客户需要。

第七步 召开展会前的会议

在展会前的会议上，商务助理要和展销员讨论展会上的四个步骤：

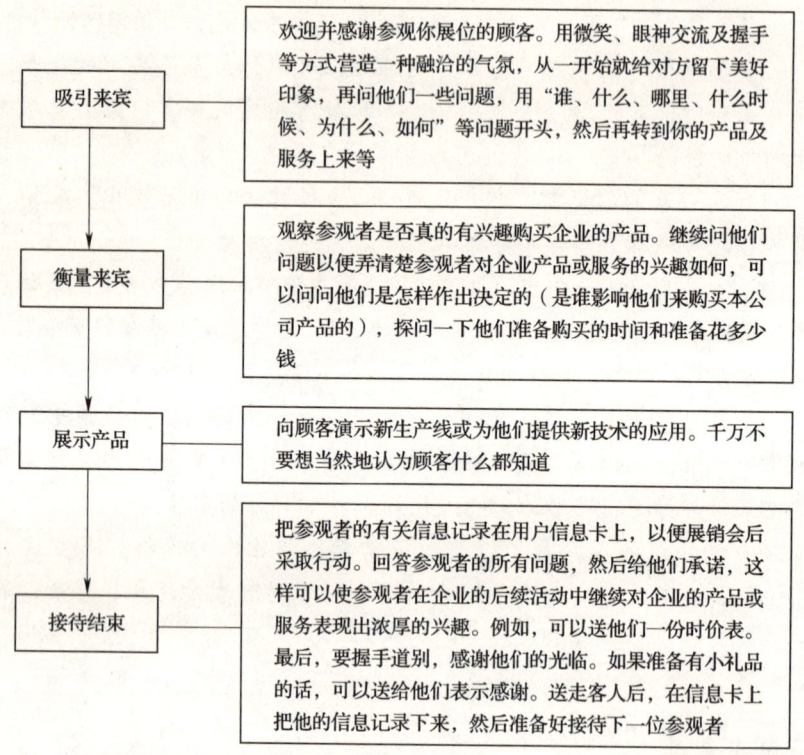

老C提醒：

提醒你的团队注意"二八定律"，即用80%的时间倾听参观者说话，用20%的时间自己说话。要努力发现参观者的需求，以便更好地给他们提出方案。

实操演练

1. 实操背景

你所在的灯饰公司将要参加8月10日在某地举行的中国灯饰产品展销会，作为商务助理，你要在公司挑选一批合适的展销员。

2. 实操步骤

（1）在公司挑选合适员工组成团队。
（2）回顾参展的理由。
（3）熟悉展品。
（4）鼓励员工制定个人目标。
（5）告诉员工如何达到公司要求。

3. 模拟时间

2个课时。

4. 参与人数及方式

5~8人组成一个小组，一人扮演商务助理，其余4~7人扮演公司员工，根据要求挑选合适的员工，然后组织一次团体会议，讨论相关问题。

5. 效果要求

学员熟练掌握挑选展销员以及做好员工组团参展工作的技能、技巧。

工作任务二　产品展示

小C：产品展示是不是把产品放在那里就可以了？

老C：你放在那里就会有人来看吗？

小C：也是哦，那要怎样吸引人驻足啊？

老C：你把你自己当做参观者，参加展销会时，什么会吸引你的注意力呢？

小C：我比较喜欢那些具有互动性的展示，比如让参观者试用产品或表演节目之类的。

老C：是啊，其实每个人都是一样的。你要善于发掘参观者的兴趣点，从这些兴趣点出发考虑采用什么样的展示方法来吸引他们的注意力。

小C：我们可以采用比较新颖的模式来展示产品，与众不同的风格注注最舷吸引人了。

老C： 好啊，下次展销会时你可要提出一些好的点子！

■ 基础知识

产品展示是指对产品进行详细展示，包括规格，产品的款式、颜色等所有产品详细的信息。

一、产品展示的方式

如今，产品展示的最直接和最直观的方式就是将产品实体展现在客户的面前。但是，由于时代的发展，实体展示已不能满足客户对于信息收集的需求。

1. 二维方式

二维方式是一种静止的、平面的展示方式，也是现在的主流展示方式，它利用平面图片和文字介绍做成类似目录的形式展示产品。但是，这种方式无法充分表现产品的外观和特点。

2. 三维方式

三维方式就是一种动态的、立体的展示方式。环绕产品一周拍摄照片，一般是由产品转动而镜头相对固定拍摄出一系列照片，再用造型软件进行发布，用播放软件播放虚拟产品。用户可用鼠标和键盘控制所观察虚拟物体的各面，并可调整其转速、转向和大小，可以让参观者感到正在观赏一个个真实的产品（可以请专门的制作公司制作产品的三维动画）。在展销会中，如果条件允许可以采用三维方式来展示产品，因为可以让参观者对产品的外观和特点有个直观、全面的了解，可以让其来决定如何观察产品，增强了互动性，能够达到更好的展示效果。

二、防止商业间谍活动

在展销会中，要防止竞争对手收集公司的信息。商品展销会提供了一个进行商业信息间谍活动的极好机会。

商务助理要提醒展销员在展台工作时注意防止商业间谍。如果有人不但比普通人知道得要多，而且喜欢刨根究底，然后迅速离开，那有可能是商业间谍。因此，要让展销员遇到此类人时，要多问问题，少介绍产品，减少泄露一些在专利方面有价值的信息的机会。

实操过程

利用参加展销会的机会,可以获取诸多有关消费者和竞争对手的信息,有利于对竞争对手和顾客需求做深层次的了解。

第一步 建立用户信息卡

现在越来越多的展销会主办方会为展销商提供一种高科技的磁卡管理系统。在顾客进入展厅登记后就会领到一张磁卡,磁卡装有内置计算机芯片,有的具有磁条或条形码,磁卡中记录的是展销商最初登记的(包括名称、公司、地址、电话及传真号码和一些统计数据)的数据。

建立一张面向用户的磁卡,可以获取更多与产品及服务相关的信息。

> **老C提醒:**
> 用户信息卡是用来记录对跟踪服务有用的信息,如用户的姓名、职业、地址、电话及邮箱等,并且提供附加的市场信息数据,如产品的受欢迎程度、购买对象、款项、运送时间等。

【工具】

信 息 卡

展销会名称:		展出日期:	
顾客姓名:			
职务:			
公司:			
地址:			
城市:	区:	邮政编码:	
需解决/仍存在的问题:			
顾客手中的产品/享用的服务:			
顾客感兴趣的产品或服务:□产品A □产品B □产品C			
需求数目:			
兴趣等级:□优 □良 □一般 □差 □说不定			

决策方式：	□个人决策　□团体决策　□委员会决策　□无　□其他
购买时间：	□立即　□1个月　□2个月　□3个月　□6个月　□其他
意见/备注：	
展位代表：	

信息卡可在展销会期间完成，也可在展销会后几周内完成，这要取决于展会主办方的服务商。提前找时间和展会主办方的服务商谈谈，看看能给你提供什么样的帮助。

第二步　现场演示吸引顾客

据调查显示，现场演示是继展位规模和产品受欢迎程度之后使人们记住产品的第三大重要因素。

> **老C提醒：**
> 可以采用舞台化的产品展示、剧场式演出、魔术表演、游戏、舞蹈、电视片、录音、机器人、演唱等多种形式的现场表演吸引参观者到展台前。

展销成功的关键就是应用有效的促销方式来使展销更加完善，让顾客主动了解公司及产品，具体可以参照以下几条：

（1）要明白怎样演示有助于达到预期目标。
（2）想象一下自己想给观众留下什么印象。
（3）举办一系列的宣传活动以保证会有人来观看自己的演示。
（4）想方设法让自己的员工加入到演示中来，帮忙吸引顾客。
（5）对成功的评价。

> **老C提醒：**
> 在展销前，选定一个用来评定展销是否成功的标准。例如，是根据来参观的人数的多少来评定展销会是否成功，还是根据发放的用户信息卡的数量的多少。

第三步　专席接待服务

商务助理可以在展销大厅附近的会议中心、附近宾馆或其他方便的地方开辟一个相对安静的房间作为展销会专席接待场所。展销会专席接待场所是用于邀请有合作意向的顾客进一步详谈的地方。

展销会专席接待场所可以为公司提供充足的时间赢得顾客，避开竞争对手。利用这种方式可以为企业创造机会，给顾客留下良好的印象。

商务助理在安排展销会专席接待场所时，需要注意以下三点：

（1）为展销会专席接待场所制定一些具体目标：如推销新产品、深入讲解产品、给顾客讲解一些产品的新用法。

（2）展销会专席接待场所员工必须统一着装，必须有朝气、热情、积极向上、善于交流，要抓住一切机会和顾客进行交流。

（3）指定不同的员工为不同的顾客服务，以此可以进行更深入的了解，获取更多信息，并可以加强同顾客的关系。

实操演练

1. 实操背景

你所在的某食品特产公司将参加在某市举行的全国食品特产展销会，作为商务助理，你主要负责此次展销会的专席接待工作。

2. 实操步骤

（1）制定展销会专席的具体目标。
（2）告知员工专席的目的以及应该完成的工作。

3. 模拟时间

1个课时。

4. 参与人数及方式

4~6人组成一个小组，两人扮演专席工作人员，其余几人扮演顾客，进行专席接待现场演示。

5. 效果要求

学员熟练掌握展销会专席接待的注意事项。

工作任务三 海外展销

小C：一般的公司需要参加海外展销吗？

老C：这就需要根据公司实际情况来定了，如果不打算在海外开拓市场，那肯定就没有必要参加海外展销了。

小C：是不是海外展销的程序更加复杂呢？

老C：其实展销会的实质都是一样的，只是说参加海外展销会存在诸如语言、文化等方面的差异，所以要特别注意。

小C：那之前应该做些什么准备呢？

老C：首先必须熟悉该国的一些比较特殊的文化，以免发生不必要的失误。其次研究分析本公司哪种产品会受该国市场青睐。

小C：好的，我会照您说的去做的。

老C：至于具体的工作呢，你可以通过后面的学习来进一步了解。

基础知识

海外展销就是指企业到本国以外的地区去参加展销会。在国际上，展销会也叫交易会或展览会。

参加海外商展是一种为企业产品和服务寻求最佳海外市场的最经济、快捷的方法。它不仅可以检验企业的产品是否适合出口，还可以使企业在投资之前对自己在某个国家的竞争力和供应商、批发商及客户等合作伙伴进行评估。

实操过程

第一步 策划工作

仔细查询海外展销会信息，以便发现那些可能吸引企业目标市场的会展。一般可以通过贸易联盟、外国使馆及领事馆、两国的商会、供应商（如货物转运商）

等获得相关信息和数据。

1. 早做准备

一般的策划工作会应该提前 12~18 个月召开，因为场地的安排是按"先来先分配"的原则划分的。

若发现有参展意向的展会，尽早去调查，并取得第一手信息来确定它是否适合本公司。一旦决定参展，就要和展会主办方开展紧密细致的合作，以防发生意外。

> **老 C 提醒：**
>
> 如果参加海外展会，至少要提前一周到达目的地来调节时差反应。倘若需要单枪匹马设置展厅，处理后勤事务的话，将会非常疲劳。因此，要留出充足的时间，好好休息，调整自己。在美、英、法和意大利等一些国家，都有强大的工会组织。如需要和这些工会组织合作，要了解并遵守与工会工人合作的规则，尊重每一位工人。对于他们的劳动付出，给些小费或者提供午餐及啤酒，将会减少施工过程中的损失和小偷小摸行为，以确保他们是为你工作，而不是和你作对。和承包商合作，一定要请翻译陪同左右，以便及时传达你的指令。

2. 仔细预算

拟订一份切合实际的预算。国外展会的花费根据展销地点、汇率和时令的不同而差距较大。除了要考虑展出经费、运输费用、宣传花费及工作人员的工资外，还要顾及进口关税和相关的出口规则。

> **老 C 提醒：**
>
> 为应付展销中的意外事件及因汇率变动带来的额外花费和其他小费支出，应增加 25% 的预算，以保证展销活动顺利进行。

第二步　规划展厅

在大多数国家，展位就是摊位。其中最小的大约 10 平方米，三面环墙，墙壁上刷有石灰粉。

在欧洲一些大型商贸会议上十分流行布置精细的展厅，可能包括会议室、休息室、厨房和酒吧（用来招待客人的）。展厅往往面积很大，其中小甜品和软饮料是常备品。所以，策划时，要把会议室和休息室也考虑在内。

对于展厅的规划与建造,可以根据实际情况来选择最有效、最适合的方案,以下是不同的方案,各有利弊,具体见表3—6。

表3—6　　　　　　　　　　　建造展厅方案

方案	优点	缺点
国内设计, 国内建造	(1) 能够对展销的设计与建造进行监控,如果设计上有任何不妥可以方便改动,需要时甚至可做全盘改动 (2) 与设计师、建造者之间的交流不会有任何语言障碍 (3) 展销价格也不会受到汇率和通货膨胀的影响	(1) 需要支付运输费用,并且还有和当地文化产生冲突的风险,比如选择了不合适的颜色或布局,标志翻译不当等 (2) 可能会遇到电力不足和电话线路不好等服务链接方面的问题 (3) 展销过程中出现的修理问题及运输过程中出现损坏时,都得不到保障
国内设计, 国外建造	(1) 可以对设计过程进行监控,并且降低运费 (2) 建造工作是在展销地所在国进行的,避免物品在运输过程中可能的损坏	(1) 难以保证建造工作的质量,不利于和建造者之间的有效交流 (2) 需要处理潜在的汇率变动和通货膨胀对建造费用的影响
国外设计, 国外建造	(1) 设计、标志、图案方面,自己的展销都能更好地迎合所在国的文化和偏好 (2) 缩短设计规划与投入施工之间的时间,进一步减少了运输费用,降低了损耗	(1) 设计和建造工作的质量无法保证 (2) 因为语言障碍而产生传达上的错误,还有可能不能及时传达建造工作上的指令 (3) 选择这种方案得做好准备,应付汇率变动和通货膨胀带来的价格起伏
展厅租赁 现成场地, 自己设计 图案和标志	(1) 不用担心设计和建造的问题 (2) 可以听取先前租赁者的意见,根据当地的情况选择合适的图案和标志	(1) 不能发挥自己的想象力 (2) 展地布置不精细,会损坏企业形象

第三步　运送展品到展地

做好运输的准备工作也很重要。大多数国际展销会都有一个官方指定的货运代理人,其熟知相关细节,能够开具发票,申请出口许可证和相关申报工作,并且发放货物清单,处理保险事宜,准备包裹清单和所有必需文件等。需要运输的设备,一般不按照正常的标准缴纳关税,除非在展销后仍留在该国家。

第四步　办理海关手续

海关问题是海外展出必须面对的难题之一。按正确的步骤办理海关签证文件是非常关键的。对于规模较小、进出口业务不多的公司来说,可以选择委托报关,一来可以节省聘用报关员的成本;二来由于报关公司专业水平较高,有利于加快货物通关速度。

第五步 宣传企业展销

在海外展销中,加强对企业进行宣传,具体的环节可以参照国内展销会上的企业宣传活动。但是,需要懂得文化差异,明确了解什么是该做的,什么是不该做的。对主办国文化要保持敏感性,具体可以采用以下做法,尽量避免一些不必要的失误。

1. 聘用当地人做翻译

聘用一名专业翻译人员或一名当地人来翻译原稿,对于商业交流来说是非常重要的。另外,在设计用于海外交易会的商品外包装时,也要做到这一点。若聘用了一名对他国语言或文化知之甚少且对当地的俚语毫不了解的非专业翻译人员,那令人困窘的错误就在所难免了。若能聘请到一位对企业的产品或该行业有专业知识的本土人员,将是一笔巨大的财富。

> **老C提醒:**
> 很多国际性的商业交往都可能需要英语。商务助理需要注意,若使用一些难以翻译的词汇,如俚语、口语、习语、术语、时髦字眼、行话、公文、首字母缩略词和隐喻,就会出现麻烦。因此,在交流中,无论是书面语还是口头上,都应尽量使用能让每个人都会明白的基本的简单词汇。

2. 留心隐含意义

在不同的国家,不同颜色与数字有着特定的内涵。若公司的文化、产品或包装上使用了不恰当的颜色,销售额就会大打折扣。商务助理在策划海外展销活动时一定要重视这一点,以免造成损失。

> **老C提醒:**
> (1) 在日本,黑色、白色、黄色和紫色通常和葬礼有联系;在巴西和墨西哥,紫色和黄色分别是两国的葬礼色。相反,在韩国绝不要用红色印刷,那与死亡有关。
> (2) 亚洲许多国家忌讳"4",认为"4"代表了"死亡",千万避免使用数字"4"。甚至不要把商品4个一组装在一起。而"7"和"8"则是人们心中的幸运数。
> (3) 使用动物的标志时要注意。例如,在印度,母牛是神圣的象征,千万不要在任何商业广告中对其加以描绘。

3. 时刻牢记：行胜于言

全球性礼仪是一门相当复杂的学问。因为每种文化都有其独特的特征：如何恰当地进行眼神交流、握手、什么是得体的言行举止以及空间距离等，不同的文化存在着很大差异。学习了解如何同参展的外国友人进行问候与交流是很重要的。切记你是以该国客人的身份在此举办交易会的，应该学会入乡随俗。

4. 见面问候

在国外，要认真遵守语言行为规范，人们互称对方的头衔而非直呼其名。见面问候应讲究礼仪：

（1）握手。握手这种常规的行为在不同的国家有着不同的方式。如德国人习惯有力地握手，而法国人在握手时不大用力且时间短暂。美国人则要有力且上下摇动。

（2）问候。与来自法国、西班牙、意大利、葡萄牙和其他一些地中海国家的人们问候时，一般要亲吻对方双颊。而中东人，尤其是伊斯兰教信徒，问候时要避免与异性进行身体接触，但同性之间却可以相互拥抱和亲吻。跟亚洲人进行交流时，也要避免身体接触。日本人以鞠躬的方式来欢迎来宾。中国人则是通过点头、鞠躬或鼓掌来表示欢迎。最安全的方式就是边点头边以言语问候。随着关系的发展，问候方式也相应改变，只要仿照对方就可以了。

5. 体态语

许多手势在不同国家并没有相同的意义。如果口译者把意义传达错了，可能会带来本可以避免的问题。不同文化中，相同的手势却有很大的意义差别。

（1）竖拇指。许多民族把竖拇指看成是下流动作。亚洲很多民族都认为用食指指人或物是非常不礼貌的动作。美国人用来再见的手势，在东南亚人看来却是让某人过来。

（2）微笑。尽管美国人把微笑作为友好的象征，可在其他文化中，微笑还有不同的意思。日本人不管是伤心、高兴、生气、迷惑或对人表示歉意时，都会以笑表示。在朝鲜文化中，则以笑来传达肤浅和粗心之意。

（3）眼神交流。美国人视少量的眼神交流为无礼和缺乏诚意。避免直视对方表示尊敬对方。由于文化差异，人们通过眼睛交流的方式自然也不同。

6. 使用名片

名片是显示你的地位与身份的一个真实凭证，在许多国家有着非常重要的作用。如果没有名片，别人就不可能会认真对待，尤其是在亚洲国家。

（1）妥善处理名片。有人呈递名片时，要表现出对其名片与对其身份同样的尊重，这一点非常重要。倘若你对名片处理不当，可能会侮辱赠与你名片的人。务必细看他人给你的名片；切记勿在上面做备忘录，尤其在来访者面前；千万不要折叠或随便地把他人名片塞入口袋。牢记：离开时应把它随身带走。

（2）为公司代表提供双语名片。在英语并未广泛使用的国家，要准备背面印有当地语言的名片。在多数国家，这是最为认可的方式。

（3）特殊礼节。许多国家都有赠送名片的特殊礼节。比如，在日本，人们交换名片时很郑重，双手奉上并向对方鞠躬，彼此双手接过名片，认真浏览，并在谈话中有所应用，这样比较礼貌。

7. 承认不同的交流风格

在交流过程中，有些文化比其他文化更直接、更坦率。一般认为，瑞士、德国、斯堪的那维亚文化是低语境文化，这就意味着它们的词语具有特定的意义，理解时不需要依靠当时的语境，或对语境的依赖性较小。与之相反，日语、汉语和阿拉伯语则是高语境语言，在很大程度上依赖于谈话的语境来确定词义，因此，开门见山容易被认为是不雅的，甚至是无礼的。对美国人来说，他们的语言通常很含糊，不精确，而且令人困惑，很难理解。所以必须理解体会语言字里行间的言外之意。

不同文化背景的人在交流时，由于文化差异的原因，可能会很迷惑、受挫、急躁。在一些国家，像法国，"不"经常意味着"也许"，"也许"意味着"不"。亚洲人很少说"不"，特别是日本人有其独特的方式避免说"不"，他们可能会使用微妙的暗示，例如"这有点儿难"或者"我会考虑的"。很多时候为了避免说"不"，韩国人会给你一个他们认为你想听到的答案，一句"是的"或者点一下头可能表示"也许""我知道了"或"是的，我听见你说的了"。然而，他们不一定同意或理解你说的。商务助理可以通过询问一些比较随意的问题学会倾听交流的各种微妙之处。

> **老C提醒：**
> 谈话的主题应避免涉及金钱、宗教和私人问题。体育、旅行、历史和文化都很合适。另外，各国的幽默方式不同，尤其在翻译过程中经常造成误解，尽量不要开玩笑，尤其是涉及种族问题的玩笑。

8. 要有耐心

在国际展销会中，许多购买者通常会花费数小时讨论所有相关的细节，而这些细节与未来的事务密切关联，很少当场达成交易。这就要求展销员应有足够的耐心帮助购买者解决他们的疑问，培养他们成为公司的潜在客户。

> **老 C 提醒：**
>
> 许多外国商业人员需要有充足的时间浏览大型的展销图片，完全了解整个运作过程，希望从容地建立合作关系。
>
> 建立海外买卖关系、为公司带来更多订单的最好方式是在展会后，立即进行私人交往。外国商人想确定你是否真诚，是否能够信守承诺。他们需要一种安全感，知道你是一个可以信任而且机制健全的公司，且愿意在他们的国家中兑现你的承诺。
>
> 不要期望第一次就能达成交易，公司可能需要在各种展会中频频露面，才会引起他人的注意。因为每个国家都有自己的商业运作方式，所以最终达成交易经常需要几年的时间。在与外国公司建立实质性合作关系之后，需要下工夫进行一系列广泛的研究，包括商业运作规则、经济条件、政治环境以及文化惯例等，尤其是在涉及时间安排的时候。

第六步 款待来宾

热情好客，款待来宾是举行展会的一种方式，也是进行国外贸易的需要。因此，要在展会上或休息室内提供食品，供来宾享用。

设计一种和公司或产品形象相符的特色菜谱。例如，可以安排侍者提供食物也可以请来宾吃自助餐。在德国的一些交易会上，根据国家"绿色环保"政策的要求，丰盛的食品都是盛在真正的瓷制器皿中，而不用塑料制品或包装纸。在中东一些国家，商人们参展时经常会带上家庭成员参展——妻子、孩子，甚至还带上父母。

要想预算合理，考虑提供一些软饮料、啤酒和果酒之类的东西。一般没必要准备烈性酒，除非是在俄罗斯举办展会，那一定要准备好伏特加。

> **老 C 提醒：**
>
> 不同的文化背景下，人们对食物会有不同的喜好。在海外参展时，注意以下几点：
>
> （1）约旦人和埃及人会在盘中剩下食物以示食品的丰盛和对主人的赞美。
>
> （2）穆斯林和犹太人不吃猪肉。
>
> （3）犹太人不吃水生有壳动物。
>
> （4）印度人不吃牛肉。
>
> （5）穆斯林、印度人不喝含酒精的饮料。

实操演练

1. 实操背景

一家纺织品公司将于6月15日参加在柏林举行的全球纺织品展销会,作为该公司的商务助理,请策划一场企业展销活动。

2. 实操步骤

(1) 聘用一名当地德国人做翻译。
(2) 向聘请的翻译请教德国的基本礼仪风俗习惯。
(3) 妥善处理和使用名片。

3. 模拟时间

1个课时。

4. 参与人数及方式

4~6人组成一个小组,一人扮演套间展销员,一人扮演德国翻译,其余几人扮演参加展销会的不同国家人员。

5. 效果要求

学员熟练掌握海外展销,做好企业展销,同不同国家人员的交流沟通。

练 习 题

一、单项选择题

1. 在展销会的宣传中,(　　)是很多企业的共同选择。
   A. 个人请柬　　　　　　　　B. 打电话
   C. 直接写信　　　　　　　　D. 利用媒体进行宣传
2. 在展销方式中,(　　)易于搬运,通常是耗资最少的一种展销。
   A. 模块式展销　　　　　　　B. 自动式展销
   C. 摆在桌上展销　　　　　　C. 面板式展销
3. 在客户类别及特征中,应列在名单首要位置的是(　　)。
   A. 主要客户　　　　　　　　B. 其他客户
   C. 有希望成为你的客户　　　D. 其他有希望成为你的客户
4. 不同的文化背景下,人们对食物会有不同的喜好,在海外参展时,不吃水生有壳动物的是（ ）。

  A. 约旦人 B. 印度人 C. 犹太人 D. 埃及人

二、多项选择题

1. 展销会的类型有（ ）。

  A. 国际性展销会 B. 国内展销会

  C. 地区展销会 D. 地方性展销会

2. 展销会的宣传方式有（ ）。

  A. 个人请柬 B. 打电话

  C. 直接写信 D. 展前做广告的媒体

3. 建造展厅的方案有（ ）。

  A. 国内设计，国内建造

  B. 国内设计，国外建造

  C. 国外设计，国外建造

  D. 展厅租赁现成场地，自己设计图案

4. 用户信息卡是用来记录（ ）等对售后跟踪服务有用的信息。

  A. 用户的姓名 B. 用户的地址 C. 用户的职业 D. 用户的电话

三、是非判断题

1. 用户信息卡就是展销会主办方所提供的所有参观者基本信息卡。（ ）
2. 展销策略中很重要的一部分是需要知道多大的地方来摆放展品。（ ）
3. 在产品展示的方式中，二维方式就是一种动态的、立体的展示方式。（ ）
4. 展销成功的关键就是应用有利的促销方式来使展销更加完美，让顾客主动了解公司及产品。（ ）

四、简述题

1. 请简述展销会的类型。
2. 请简述展厅设计的考虑因素。

参考答案

一、单项选择题

1. D 2. C 3. C 4. C

二、多项选择题

1. ABCD 2. ABCD 3. ABCD 4. ABCD

三、是非判断题

1. × 2. √ 3. × 4. √

四、简述题

略。

岗位职责四
进行商务谈判

基础技能要点

面对面谈判
电话谈判
函电谈判
网上谈判
开局方式

核心技能要点

函电的拟写
开局策略与调整
谈判磋商策略
报价、还价
促成谈判的技巧

工作任务一　形成良好的开局

小 C：　商务谈判的基本方法有哪几种？
老 C：　主要有面对面谈判、电话谈判、函电谈判和互联网上谈判。在进行谈判时，需要对这些谈判有一个基本的了解。
小 C：　那不同的谈判方法开局方式也是不一样的了？
老 C：　具体操作过程可能是不一样的，但是有些技巧是可以共通的，只要你多参加几次谈判就会明白了。
小 C：　形成良好的谈判开局是谈判的基础吧？
老 C：　是啊，要有继续谈判下去的可能才会取得谈判的成功，所以需要掌握怎样进行入题谈判、开场阐述等。
小 C：　可是我担心自己第一次参加谈判时会紧张啊！
老 C：　没事儿，相信你自己一定能表现得很好，那你就成功了一半。

基础知识

商务谈判是指不同的经济实体为了自身的经济利益和满足对方的需要，通过沟通、协商、妥协、合作等各种方式，把可能的商机确定下来的活动过程，是企业进行经济贸易活动的重要手段。商务谈判关系到交易的成败，关系到企业的生存与发展，所以企业对其越来越重视。

作为商务助理，必须深入了解商务谈判的方法。具体内容在实操过程中进行介绍。

实操过程

第一步　了解商务谈判的方法

1. 面对面谈判

面对面谈判，就是谈判双方（或多方）直接地、面对面地就谈判内容进行沟通、磋商和洽谈。在平常生活中，大到每天电视、广播和报纸报道的国际、国内各类谈判，小到推销员上门推销，售货员向顾客介绍商品，顾客与小商贩的讨价还价等，都属于面对面谈判。

（1）面对面谈判的特点。在商务谈判中，面对面谈判的特点见表4—1。

表4—1　　　　　　　　　　　　　　面对面谈判

类别	要点	具体内容
优点	形式比较规范	商务谈判时，各方在谈判桌前就座后，就形成了正规谈判的气氛，使每个参加谈判的人产生一种开始正式谈判的心境，很快进入谈判角色。而且，面对面谈判又都是按照开局＋讨价还价＋达成协议或签订合同的谈判过程进行的
	较大的灵活性	在商务谈判桌上，可以利用直接面谈的机会，甚至利用私下接触，了解谈判对手的需要、动机、策略，以及主谈人的个性等，结合谈判过程中出现的具体情况，及时、灵活地调整谈判计划和谈判策略、技巧
		一般在举行正式的商务谈判前，谈判双方都已经广泛地了解市场动态，开展多方面的市场调研，全面深入地了解对方的资金、信誉、谈判作风等情况，然后制定详细、切实可行的谈判方案
	内容比较深入细致	面对面谈判方式，可便于谈判各方就某些关键问题或难点进行反复沟通，就谈判协议的具体条款进行反复磋商、洽谈，从而使谈判的内容更加深入、细致，谈判的目标更容易达成
	利于建立长久的贸易伙伴关系	由于面对面谈判方式是在双方或多方直接接触下进行的，彼此面对面的沟通容易产生感情，特别是在谈判工作之余的谈论热门话题或文娱活动中，增进了了解，培养了友谊，从而建立了一种比较长久的贸易合作伙伴关系
		谈判者可以利用这种感情因素来强调己方的谈判条件，并使对方不好意思提出异议或拒绝，所以谈判成功的概率要比其他谈判方式都高
缺点	容易被对方了解己方的意图	在面对面的谈判中，谈判对手可以从己方谈判人员的举手投足、语言态度，甚至面部表情来推测己方所选定的最终目标以及追求最终目标的坚定性
	决策时间短	往往要在谈判期限内作出成交与否的决定，没有充分的考虑时间，无法充分利用谈判后台人员的智慧，因而要求谈判人员有较高的决策水平，如果决策失误，会使己方蒙受损失或是失去合作良机
	费用高	谈判各方都要支付一定的差旅费或礼节性的招待费等，从而增加了商务谈判的成本。可以说，在所有的谈判方式中，面对面谈判方式的费用最高

（2）面对面谈判的适用范围

1）谈判各方相距较近；

2）比较大型的谈判；

3）比较正规的谈判；

4）比较重要的谈判；

5）谈判各方认为面对面谈判效果较好，方式较佳，与本次谈判最为适宜。

2. 电话谈判

电话谈判就是借助电话进行信息沟通、协商，寻求达成交易的一种谈判方式。它是一种间接的、口头的谈判方式。

（1）电话谈判的具体内容见表4—2。

表4—2　　　　　　　　　　电话谈判

类别	要点	具体内容
优点	快速、方便、联系广泛	不需要预约，如果需要谈判，可以随时与对方进行谈判，并且不受空间的限制
	无须等待	运用电话谈判，用电话铃声来呼唤谈判对手，要比客气的约请、上司的指示甚至命令还要灵验。无论对方在做什么，只要听到电话铃响，都会停下一切事情来接听电话
缺点	误解较多	由于电话不仅看不到对方的面部表情，更看不出对方的行为暗示。加上对语音、声调的理解也往往有误，一些字、词本身容易混淆。所以，有时候出现对方听不懂或听错的现象，容易造成误解
	易被拒绝	电话谈判时，双方都彼此看不见，更容易将对方拒绝。例如一方拨了另一方的电话号码，很有礼貌地说："如果你不介意的话，我想请你做这件事……"另一方可以很直接地回答："不行，现在我有事情需要马上处理，谢谢你打电话来。"
	某些事项容易被遗漏和删除	在双方交谈中，都可以自主地选择说和听的内容。在运用电话谈判方式时，多数情况下是一次性叙谈，很少有重复，所以，谈判者有意无意地将某些事项遗漏或删除，是很正常的
	有风险	在电话中无法验证对方的各类文件、证据和许诺的真伪，有可能上当受骗，因此要冒一定的风险
	时间紧	电话谈判较其他谈判方式而言，时间有限，谈判者缺乏深入思考的时间，尤其是受话者一方，往往是在毫无准备的状态下仓促面对某一话题，甚至进行某一项决策，因此容易出现失误

(2) 电话谈判的适用范围

1) 面对面谈判方式无法继续;
2) 对待难以沟通和难以对付的谈判对手;
3) 想拒绝或中断谈判之时;
4) 想缩小谈判双方地位的悬殊之时;
5) 想取得谈判的优势地位之时;
6) 可以采用电话谈判方式之时;
7) 想缩小商务信息的流传面之时;
8) 故意表示对某项业务或某个谈判不关心时,以及故意表示己方谈判态度强硬和立场坚定之时。

(3) 电话谈判技巧。由于电话谈判是一种只有声音没有人物表情、形体动作的洽谈,所以一旦选用电话谈判方式更需要采用技巧,具体见表4—3。

表4—3　　　　　　　　　　　　电话谈判的技巧

要点	具体内容
争取主动	决定采用电话谈判之后,争取做主动打电话的人,而不是被动的接听者。因为只有主动的一方才能处在谈判的优势地位。如果失去了主动权,便不得不按照对方的意图和安排绕圈子。所以,在日益频繁的电话谈判和交往中,要尽量争取主动。如果对方给你来了电话,而你没有准备时,使一招"金蝉脱壳"之计便可化被动为主动。这时,可以说:"对不起,我们马上要开会,您说个方便的时间我给您回电话吧。"这样,你便赢得了准备谈判的时间,占据了主动地位
做好准备	主动打给对方之前,必须做好计划和准备,才能真正取得主动权,没有准备便拨电话,谈判中的优势很有可能拱手让给对方
集中精神	使用电话谈判时,必须给对方一个良好的印象。所以,声音必须做到清晰、有力、生动、中肯。要把注意力完全集中在电话上,排除外界种种干扰,不可一心二用,与谈判无关的事待谈判结束后再做
听说有度	适当掌握听与说的比例,尽量诱使对方多说,学会聪明地沉默。多听少讲,从对方的滔滔不绝中获得更多的信息和资料
把握节奏	在进行彻底的谈判之前,要进行认真的分析、全盘的考虑和洞察各种利弊关系。不要希望一次解决所有问题,也不要为节约电话费用而使自己仓促决策
及时更正	假如事后发现谈判的结果对己方不公或不利,应毫不犹豫地要求对方重新谈判
记录整理	要在电话谈判过程中做好笔记,并在谈判结束后尽快将笔记整理归档,以求档案完整,便于事后随时查阅
协议备忘录	当你通过电话完成了一项商务活动,做成一笔交易,也就是完成一次电话谈判时,随后就应认真地写一份有关谈判的书面纪要,即协议备忘录,并将这项工作通知对方

（4）准备工作。在进行电话谈判前，需要做一些准备工作，主要有以下几个方面：

1）清单。把要谈判的内容列一个详细的清单，包括说话的内容和顺序，尤其是重要事项不要遗漏。

2）熟悉内容。把即将在电话里进行的谈判在脑海中演练一遍，熟悉内容，加深记忆。

3）估计和预料。对于对方在谈判中可能采取的战略战术、技巧策略要有所估计和预料，以便做好相应的对策，有充分的心理准备。

4）放好需用物品。在打电话之前，应当把将要用到的东西放在手边。例如谈判中可能涉及的有关资料、数字，记录用的纸和笔。另外，准备一台计算器，便于随时用来测算。

5）思想准备。人非圣贤，孰能无过。即使准备得再充分，也难免有始料不及的问题和对方转移话题的情况。对不了解和不懂的问题，要有勇气承认个人的知识有限，这也是必要的思想准备。

6）准备"借口"。要准备好一两个"借口"，以便在谈判不利的时候随时不失礼节地挂断电话。这样便可以避免谈判沿着不利的方向发展，避免谈判局面进一步恶化，给己方争取思考的时间和回旋的余地。

3. 函电谈判

函电谈判是指通过邮政、电传、传真等途径进行磋商，寻求达成交易的书面谈判方式。函电谈判方式与电话谈判方式有相同之处，也有不同之处：两者都是远距离、不见面的磋商，函电谈判是用文字表达，而电话谈判则是用语言来表达。函电谈判方式在国际贸易的商务谈判中使用最普遍、最频繁，但在国内贸易的商务谈判中则较少使用。

（1）函电的拟写。要把各种各样的商务谈判函电写好，就要努力实现以下各项要求：

1）函电要符合政策法规、风俗习惯等，特别是对外商务函电要充分体现我国对外商务的各项方针政策。这是写好函电的基础和指导思想，也是商务助理搞好国际商务、发展对外商务的有利保证。

2）要讲究策略，积极主动地开展业务活动。函电洽谈贸易，要根据客户条件、货源情况等，针对不同情况灵活对待；在处理争议和纠纷时，要针对不同情况，采用不同对策。

3）函电书写要正确、及时，每次函电的内容应当正确、完整。对交易磋商、签订合同、处理争议问题等各类函电，都要抓紧时间及时处理，不能拖延，以免丧失良机，造成经济上的损失或带来不良影响。

（2）函电的结构。用于函电谈判方式的函电，一般包括标题、编号、收文单位、正文、附件和发文单位六个部分。

1）标题。标题是函电的题目或函电的名称。标题是函电内容的集中和概括，要求简明、确切，不要文不对题。标题和函电内容应互相对应。

2）编号。编号是函件所标的"字""号"。"字"代表发文单位，"号"代表发文次序。对函电进行编号，是为了收文和发文单位便于分类登记和进行查询。

3）收文单位。收文单位是行文单位的对象，函电送达的单位。

4）正文。正文是函电的主要部分。正文一般由三部分组成。

第一部分，开头。正文的开头多从发函的原因写起，便于对方了解发函的原委。文字要求简明扼要。

第二部分，主体部分。主体是函电最重要的部分。它的任务是阐述发函的目的和要求，一定要做到目的清楚、要求明确，既充分表达己方的意图、要求和条件，又使对方清楚明白、一目了然。

第三部分，结尾。结尾有两种方法：一是主体写完即可结尾；二是写两句与主体相照应的话以加深印象。

商务函电有惯用的结束语，如"特此函达""特此函复""即请函复""候复"等。在结束语之后，也可以写上一些客套用语，如"谨祝商安""商祺""财祺"等。

5）附件。随函电发出的销售合同、协议、报价单、发票、单据等都作为附件处理，附在函电之后寄发。附件的名称、号码、件数必须清楚地写在函电的末尾。

6）发文单位、日期、盖章。在函电末尾，或者在附件下一行偏右处，写上发文单位名称，单位名称下边写明发函日期（年、月、日）。在日期上面加盖发文单位的印章。加盖印章是表示对发函严肃负责，有些函件则须单位负责人签名才有效。

（3）函电的处理。要想把商务谈判函电的处理工作做好，应注意做到以下几点：

1）阅读电文，吃透含义。认真阅读电文，吃透原文含义是处理函电的第一步，也是最重要的一步。完成这项工作的程序应当是：接到商务函电后先将函电全文通读一遍，选出其中较为重要和急需处理的部分仔细阅读，必要时要查阅有关的档案和资料，以便进行深入全面的分析，吃透函电原意，最后考虑并拟订处理意见。

2）分清轻重缓急。处理各种商务谈判函电时应把握的原则是：急件即办，重要件及时办，一般件不积压。在步骤上，一般是先处理电报、电传，然后处理时间性较强的函件和洽谈成交的主要客户的来函，最后处理一般性函件。

3）加强联系。商务交易一般都是由货源、储运、包装、财务等众多部门和单位协同完成的。函电的处理和落实涉及许多单位和部门，因此必须加强与各单位、各部门之间的联系，避免工作脱节，以免引起纠纷，造成经济损失。

(4) 函电谈判的环节。按照国际贸易惯例，函电谈判一般包括五个环节，即询盘、发盘、还盘、接受和签订合同，如图4—1所示。

1) 询盘（inquiry）。询盘又称探盘，是指谈判一方大致地询问另一方（或多方）是否具有供应或购买某种商品的条件，只是了解一下供求情况，以衡量一下对方的实力和需求。具体而详尽的交易条件是在双方沟通的基础上进一步磋商。询盘多由商品的卖方发出，但买方也可根据自己的需要发出询盘。

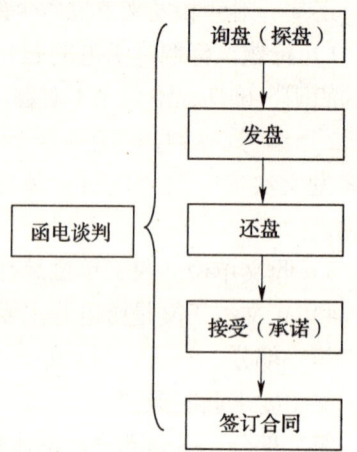

图4—1　函电谈判的五个环节

【实例】

从贵方8月6日的来信中我们注意到，贵方希望和我方发展服装贸易。在研究过贵公司产品目录之后，我们对货号为510和514的两款服装感兴趣。请报最低的CIF深圳价，并注明可供数量及最早交货期。如价格合理、质量令人满意，我们将长期大量订购。

询盘的目的主要是寻找合适的买主或卖主，而不是同买主或卖主正式进行谈判，不具有约束力。尽管如此，询盘时，应结合实际，仔细考虑，在同一时间对同一地区的客商询盘不宜太多，否则对日后交易合作会造成不好的影响。

2) 发盘（offer）。由买卖双方中的一方向另一方提出交易条件和要求，所以，发盘有两个关系人，一个是发盘人，另一个是受盘人。若一项发盘是由卖方发出，卖方就是发盘人，而买方就是受盘人，反之亦然。按照发盘人在受盘人接受发盘后，是否承担订立合同的法律责任来划分，发盘可分为实盘和虚盘。具体见表4—4。

表4—4　　　　　　　　　　实盘和虚盘

类型	定义	性质	特点
实盘	实盘是对发盘人有约束力的发盘，也就是发盘人在一定期限内愿意按所提条件达成交易的肯定表示	发盘内容具有达成交易的全部必要条件，而且发盘人在规定的有效时限内，受发盘的约束，即未经受盘人的同意不得撤回或修改，受盘人在有效时限内若无异议地接受，合同即告成立	(1) 各项交易条件详尽、清楚、明确 (2) 注明所发的盘是实盘 (3) 明确发盘的有效时限，实盘内容的完整肯定，对受盘人比较有吸引力，可以促使受盘人从速作出决定，达成交易

续表

类型	定义	性质	特点
虚盘	虚盘是发盘人所做的非承诺性表示，不具约束力	发盘人可以随时撤回或修改、变更内容，受盘人即使对虚盘表示接受，也需要经过发盘人的最后确认，才能成为双方都具有约束力的合同	（1）发盘中有回旋余地，常用"以己方最后确认为准"（subject to our approval）等术语加以说明 （2）发盘的内容不明确，不作肯定的表示 （3）缺少主要交易条件

【实例】

实　盘

谢谢你们 6 月 15 日对绿豆的询盘。作为答复，兹发盘如下：

品名：吉林绿豆，2009 年产

质量：一级

数量：300 吨

价格：每吨 550 元，CIF 北京价

包装：新麻袋装，每袋净重约 50 千克

支付：不可撤销的信用证

交货日期：收到信用证之后 1 个月装运

该发盘为实盘，以你方答复在 7 月 15 日前到达己方为有效。

【实例】

虚　盘

9 月 5 日询盘收悉。兹报 100 吨油菜子，2009 年产，杂质不超过 3%，含油量不低于 48%，每吨 CIF 北京价 400 元，新麻袋装，每袋净重约 25 千克，11 月装船，凭不可撤销的信用证付款，该报价以货未售出为准。绿豆暂无货。

3）还盘（counter offer）。还盘是指受盘人在接到发盘后，不能完全同意发盘人在发盘中所提的交易条件，为了进一步磋商，对发盘提出修改意见的一种表示。受盘人一旦还盘，原发盘即失去效力，原发盘人也不再受原发盘的约束，还盘也就成了新的发盘。

商务谈判中，如果原发盘人对受盘人发出的还盘提出新的建议，并再发给受盘人,叫做再还盘。在国际商务的函电谈判中,一笔生意的谈判往往要经过多次还盘和再还盘,就像谈判桌上进行多次讨价还价一样,当然也有接到实盘后不作还盘而直接签约的,这就像口头谈判桌上一拍即合的情况。

4) 接受 (acceptance)。接受又称承诺,是受盘人完全同意对方的发盘或还盘的全部内容所做的表示。根据《联合国国际货物销售公约》的规定,一项有效的接受,应具备下列三个条件:

①接受必须是由受盘人或特定的法人作出,才具有效力,第三者作出的接受不具有法律效力。

②接受的内容或条件应与发盘(或还盘)相符,这样才表明就交易条件达成一致。

③接受必须在有效期内表示,才有法律效力,过期接受或迟到接受,都无法律效力。

【实例】

兹确认接受你方订购100吨油菜子,每吨400元CIF北京价,12月装车。随函寄去己方第GD964号销售确认书一式两份,请签退一份以便存卷。请尽早开立以己方为受益人的信用证,以便及时安排装运。信用证条款必须与合同条款严格相符,以免日后不必要的修改。

5) 签订合同 (to sign a contract)。签订合同是一场商务谈判的尾声。买卖双方通过交易谈判,一方的发盘或还盘被另一方接受后,交易即告达成,但在商品交易中,通常通过签订书面合同予以确认。

合同经双方签字后即告成立,具有法律约束力,买卖双方都应当遵守和执行合同中的各项内容,否则任何一方违背合同内容都要承担法律责任。

一般地说,大宗商品和重要的机器设备,均须使用正式合同;一般商品或成交额不大的交易,多使用"销售确认书"。书面合同的正本,一般都是一式两份,经交易双方签署后,双方各保留一份。

4. 互联网上谈判

网上谈判就是借助于互联网进行协商、对话的一种特殊的书面谈判。它为买卖双方的沟通提供了丰富的信息和低廉的沟通成本,因而有强大的吸引力。

(1) 网上谈判的优点。网上谈判有着其他谈判方式所不具备的优点:

1) 信息交流加强。网上谈判所提供的是一年365天,每天24小时的全天候沟通方式。过去商务谈判的函件要几天才能收到,并且有可能迟到、遗失,现在通过互联网,几分钟甚至几秒钟就能收到,而且准确无误。网上谈判既有电话谈判快速、联系广泛的特点,又有函电内容全面丰富、可以备查之特点,可使企业、客户掌握他们需要的最新信息,同时有利于增加贸易机会,开拓新市场。

2）有利于慎重决策。网上谈判以书面形式提供议事日程和谈判内容，又能几秒钟抵达，使得谈判双方既能仔细考虑本企业所提出的要点，特别是对那些谈判双方可能不清楚的条件进行书面传递，事先说明，又能使谈判双方有时间同自己的助手或企业领导及决策机构进行充分的讨论和分析，甚至可以在必要时向那些不参加谈判的专家请教，有利于慎重决策。

3）成本低。采用网上谈判方式，谈判者无须四处奔走，就可向国内外许多企业发出电子邮件（e-mail），分析比较不同客户的回函，从中选出对自己最有利的协议条件，从而令企业大大节省了人员开销、差旅费、招待费以及管理费等，甚至比一般通信费用还要省得多，从而降低了谈判成本。

4）提高谈判效率。网上谈判，由于具体的谈判人员不见面，他们互相代表的是本企业，双方可以不考虑谈判人员的身份，不揣摩对方的性格，而把主要精力集中在己方条件的洽谈上，从而避免因谈判者的级别、身份不对等而影响谈判的开展和交易的达成。

(2) 网上谈判的注意事项。网上谈判属于书面谈判方式，与函电谈判一样，其谈判程序也包含着询盘、发盘、还盘、接受和签订合同五个步骤。在进行网上谈判要注意以下几项：

1）拓展知识。实行网上谈判方式，需要谈判人员既有商务知识与谈判技巧，又要懂信息技术。所以，面对电子商务的快速发展，不仅要充实商务知识与谈判技巧，更要懂得一定的信息技术。

2）加强维系客户关系。由于互联网是公开的大众媒体，与客户、合作伙伴之间的关系是公开化的。竞争对手可以通过网络随时了解到你的报价、技术指标，以及你的客户和合作伙伴的需求，甚至你与客户、合作伙伴之间存在的分歧等。竞争对手通过对这些资料的分析，可能抢走你的客户。所以，借助于互联网进行商务谈判，还应注意感情的培养，提高服务水准，以更好地维系与客户、合作伙伴的关系。

3）存档保管资料。由于网上谈判所使用的 e-mail 需要互联网的传递，一旦网络发生故障或受到病毒、黑客的攻击，谈判双方的联系会受到影响，甚至丧失合作机会，谈判方案无法实施。因此，商务谈判过程中的发盘、还盘、确认等资料要及时下载，打印成文字，以备存查。

4）书面合同必须签订。网上谈判达成的交易，一经确认或接受，一般即认为合约成立，交易双方均受其约束，不得任意改变。但为了明确各自的权利与义务，明确责任，双方必须签订正式的书面合同，促使双方按照合同办事。

(3) 网上谈判报文。网上谈判作为一种特殊的书面谈判，其报文由主数据和商品交易报文组成。具体内容见表4—5。

表4—5　网上谈判报文

类别	内容	定义	备注
主数据	参与方信息	参与方信息报文是商业往来开始时，贸易伙伴第一次交换的报文，用于把地址和相关的经营管理、商业和财务信息传递给贸易伙伴	如果在以后的商务往来的各个阶段信息有变化，参与方信息应重新更换，以保持贸易伙伴的主数据最新
	价格、销售目录	价格、销售目录报文由卖方传送给买方，以目录或列表形式给出供货方产品变化的预先通知	该报文有时给出产品的一般信息，对所有买主都适用；有时给一个单独的买主提供一个专门信息，如特殊价格
商品交易报文	报价请求	报价请求报文是由买方向一个或多个卖方发出的要求提供商品或劳务信息的报文，表明买方向卖方提出他们所要求的答复内容	如果买方想知道购得价格，买方可以同时向几个供方发送报价请求，以便进行衡量，获取最满意的货物和购价
	报价	报价报文是由供货方发送给买方的对买方报价请求的答复	该报文包括对买方要求的商务或服务以及有关信息的详尽答复
	订购单	订购单报文是由买方向供方发送的订购货物或劳务并提出相关数量、日期和发货到达地等的报文	
	订购单应答	订购单应答报文是由供方发送给买方，告知买方他已收到订购单，提出补充或通知买方拒绝或接受全部或部分订购单内容	
	订购单变更请求	订购单变更请求报文是由买方向供方提供的对订购单的修改，买方可以请求变动或取消某项货物或劳务信息	

第二步　选择开局方式

1. 开局方式的种类（见表4—6）

表4—6　开局方式

类别	优点	缺点
提出书面条件，不作口头补充	条件已经固定，谈判时不需要考虑条件的变动	对于情况变化后需要改动的地方很难再进行修改，缺乏灵活性

续表

类别	优点	缺点
提出书面条件并作口头补充	可以根据情况变化来改变条件，有一定的灵活性	谈判时不但要注意之前的条件还要考虑是否有的条件需要改动
面谈提出交易条件	可以见机行事，有很大的灵活性，先磋商后承担义务，可充分利用感情因素，建立个人关系，缓解谈判气氛等	容易受到对方的反击，阐述复杂的统计数字与图表等相当困难；由于语言的不同，可能产生误会

> **老C提醒：**
>
> 提出书面条件并作口头补充时，在提出书面交易条件之后，努力做到以下要点：
> (1) 多听少说让对方多发言，不要多回答对方提出的问题。
> (2) 试探对方坚定性，尽量试探出对方反对意见的坚定性，即如果不做任何相应的让步，对方能否顺从意见。
> (3) 注意合同直接的联系，不要只注意眼前利益，还要注意目前的合同与其他合同的内在联系。
> (4) 表现沉稳。无论心里如何感觉，都要表现出冷静、泰然自若。
> (5) 发现错误并纠正。随时注意纠正对方的某些概念性错误。

2. 开局的作用

需要慎重选择合适的开局方式，因为开局在整个谈判过程中有着巨大的作用：
(1) 开局阶段人们的精力最为充沛，注意力也最为集中。
(2) 开局几分钟后就可以确定洽谈的格局。
(3) 双方是在开局时阐明各自立场。
(4) 谈判双方人员的个人地位及所承担的角色完全暴露出来。可以在这一阶段采取各种有效措施，充分发挥作用，使谈判顺利进行。

3. 开局的任务

在明确了开局的重要地位之后，需要了解开局的任务。
开局的任务主要是吸引对方的注意力和兴趣，设定洽谈初步内容，制定洽谈程序，初步把握谈判对方人员的性格。

老C提醒：

形成良好开局结构需要掌握以下几点原则：
(1) 双方发言机会均等。
(2) 语句简洁，语调轻松。
(3) 双方合作充分。
(4) 乐于倾听对方意见。

4. 开局的策略

在开局阶段需要掌握以下几个策略，具体见表4—7。

表4—7　　　　　　　　　　开局策略

类　型	具体内容
中性话题法	以与谈判正题无关又无害的话题开场，促使谈判双方情感上的接近、融洽，实现开局目标的策略方法
坦诚法	用坦白率直、开诚布公的态度与谈判对方交谈，尽早向对方表露己方的真实意图，以取得对方的理解和尊重，赢得对方的通力合作，实现开局目标的策略方法
幽默法	借助形象生动的媒介，风趣诙谐的语言风格与对方交谈，以打破对方的戒备心理，引起对方的好感和共鸣，实现开局目标的策略方法

老C提醒：

在谈判中，需要正确地估计自己的能力，主要做到"八不要"：
(1) 不要低估自己的能力。
(2) 不要以为对方了解你的弱点。
(3) 不要被对方的身份和地位吓倒。
(4) 不要被数字、先例、原则或规定吓住。
(5) 不要被对方的无礼或粗野的态度吓住。
(6) 不要过早泄露你的全部实力。
(7) 不要过分计较可能遭到的损失和过分强调自己的困难。
(8) 不要以为你已经了解对方的要求。

第三步　入题谈判

谈判双方刚进入谈判场所时，难免会感到紧张，尤其是谈判新手，在重要谈判中，往往会产生忐忑不安的心理。所以，必须讲求入题技巧，采用恰当的入题方法。具体的入题方法见表4—8。

表4—8　　　　　　　　　　入题方法

类　型	具体内容
迂回入题	先从题外话入题，从介绍己方谈判人员入题，从"自谦"入题，或者从介绍本企业的生产、经营、财务状况入题等
先谈细节、后谈原则性问题	围绕谈判的主题，先从洽谈细节问题入题，条分缕析，丝丝入扣，待各项细节问题谈妥之后，也就自然而然地达成了原则性的协议
先谈一般原则、再谈细节	一些大型的经贸谈判，由于需要洽谈的问题千头万绪，双方高级谈判人员不应该也不可能介入全部谈判，往往要分成若干等级进行多次谈判。这就需要采取先谈原则问题，再谈细节问题的方法入题。一旦双方就原则问题达成了一致，那么洽谈细节问题也就有了依据
从具体议题入手	大型谈判总是由具体的一次次谈判组成。在具体的每一次谈判会上，双方可以首先确定本次会议的谈判议题，然后从这一议题入手进行洽谈

第四步　开场阐述

谈判入题后，接下来就是双方进行开场阐述，这是谈判的一个重要环节。

1. 开场阐述的要点

在开场阐述中，需要掌握一些阐述的技巧，具体包括：

（1）开宗明义，明确本次会谈所要解决的主题，以集中双方的注意力，统一双方的认识。

（2）表明己方通过洽谈应当得到的利益，尤其是对己方至关重要的利益。

（3）表明己方的基本立场，可以回顾双方以前合作的成果，说明己方有对方所享有的信誉；也可以展望或预测今后双方合作中可能出现的机遇或障碍；还可以表示己方可采取何种方式为共同获得利益作出贡献等。

（4）开场阐述应尽可能简明扼要。

（5）开场阐述的目的是让对方明白己方的意图，以创造协调的洽谈气氛，因此，阐述态度应诚挚和轻松。

2. 对对方开场阐述的反应

在开场阐述阶段，如果是对方先阐述，对于对方开场阐述的反应具体包括：

（1）认真耐心地倾听对方的开场阐述，归纳弄懂对方开场阐述的内容，思考和理解对方的关键问题，以免产生误会。

（2）如果对方开场阐述的内容与己方意见差距较大，不要打断对方的阐述，更不要立即与对方争执，而应当先让对方说完，认同对方之后再巧妙地转开话题，从侧面进行谈判。

实操演练

1. 实操背景

作为某医药公司的商务助理，将和一家省级区域销售代理商进行谈判，需要在谈判中形成一个良好的开局。

2. 实操步骤

（1）选择合适的谈判方法。
（2）根据所选谈判方法进行实际操作。

3. 模拟时间

2个课时。

4. 参与人数及方式

3~5人组成一个小组，分成两个小组分别扮演谈判双方，然后开始进行谈判。

5. 效果要求

学员熟练掌握商务谈判中形成良好开局的方式。

工作任务二　谈判磋商

老C：谈判磋商才是进入了真正的谈判，之前的开局阶段只是正式谈判的一些准备工作。

小C：那谈判磋商指的是谈判开始之后到谈判终局之前，谈判双方就实质性事项进行磋商的全过程？

老C：悟性挺高的嘛，反应这么快！

小C：呵呵，我前几天刚刚在杂志上看到了有关商务谈判的一些文章。

老C：嗯，很好。能够主动学习，那你的进步一定会很快的。

小C：谈判磋商中需要掌握一些策略吧？

老C：是的，比如投石问路、迂回、避免争论，等等，当然，最重要的不是理论解说，更多的需要运用到具体的谈判中。

小C：那谈判有什么技巧可循呢？

老C：有，所谓熟能生巧，你多参加几次谈判就会明白。

基础知识

谈判的磋商阶段是指随着谈判开局阶段任务的完成和议题进入到中心阶段，也就是指谈判开始之后到谈判终局之前，谈判各方就实质性事项进行磋商的全过程。可以说，谈判的磋商阶段是谈判的实践阶段，谈判主体间的实力、智力和技术的具体较量阶段，谈判主体间求同存异、合作谅解的阶段，全部谈判活动中最为重要的阶段。

实操过程

第一步　了解谈判策略

在谈判过程中，有许多策略可以让谈判更加顺利地进行，以促进谈判的成功。

1. 投石问路策略

投石问路策略是指在商务谈判中，当己方对对方的商业习惯或有关诸如产品成本、价格方面不太清楚时，己方主动地摆出各种问题，并引导对方去做较为全面的回答。然后，从中获得有用的信息资料。

这种策略既可以达到尊重对方的目的，使对方感觉到自己是谈判的主角和中心，又可以使自己摸清对方底细，取得主动权。

【实例】

当己方向对方提出要购买3 000件产品时，就可以使用此策略。首先，己方可以向对方询问如果购买500、1 000、2 000和2 500件的单价分别是多少，当对方作出回答后，己方就可以从中获取有关的信息资料，进而分析研究出对方产品的生产成本、生产能力、产品价格政策等。然后，己方就能够以较低的成本费用从对方那里获得他们所需的产品。

> **老C提醒：**
>
> 运用该策略时，一定要给予对方足够的时间并设法引导对方对所提出的问题尽可能详细地正面回答。为此，己方在提问时应注意：问题要简明扼要，有针对性，尽量避免暴露提问的真实目的或意图。在一般情况下，可以提出以下几个问题：
> (1) 如果我们订货的数量增加或者减少？
> (2) 如果我们让对方作为我们固定供应商？
> (3) 如果我们有临时采购需求？
> (4) 如果我们分期付款等。当然，这种策略也有不适用的情况，比如，当谈判双方出现意见分歧时，己方使用此策略则会让对方感到你是故意给他出难题，这样，对方就会觉得你没有谈判诚意，谈判也许就不能成功。

2. 迂回策略

迂回策略，就是要先通过其他途径接近对方，彼此了解，联络感情。一般在与对方直接谈判希望不大时可以使用此策略。在沟通了感情后，再进行谈判。因此，在谈判中利用感情因素去影响对方是一种可取的策略。

> **老C提醒：**
>
> 迂回策略有许多方法可以采用：
> (1) 有意识地利用空闲时间，主动与谈判对手聊天、谈论对方感兴趣的问题。
> (2) 赠送小礼品，请客吃饭，提供交通住宿的方便。
> (3) 通过帮助解决一些私人的问题。从而达到增进了解，联系情感，建立友谊的目的，从侧面促进谈判顺利进行。

3. 避免争论策略

商务助理在开谈之前，要明确自己的谈判意图，在思想上进行必要的准备，以创造融洽、活跃的谈判气氛。然而，谈判双方为了谋求各自的利益，必然会在一些问题上发生分歧，此时，双方都要保持冷静、防止感情冲动，尽可能地避免争论。因为争论不休于事无补，只会使事情变得更糟，最好的方法是采取下列态度进行协商。

(1) 冷静地倾听对方的意见。在谈判中，听往往比说更重要。多听少讲可以把握材料，探索对方的动机，预测对方的行动意图。在倾听过程中，即使对方讲出你不爱听的话，或对己方不利的话，也不要立即打断对方或反驳对方。

最好的方法是让对方陈述完毕后，首先表示同意对方的意见，承认自己在某方面的疏忽，然后提出己方的意见，进行重新讨论。这样在重新讨论问题时，双方就会心平气和地进行，从而使谈判达成双方都比较满意的结果。

【实例】

在谈到价格时，当对方提出："你方给我方的××产品价格太高，不降价无法达成协议"，这时最好的办法不是立刻讨价还价，而是表示歉意，可以真诚地对对方说："我们也认为××产品的价格定得高了一些，但由于它的成本高，所以报价时只考虑了自己的生产成本和赢利指标，忽视了你们的承受能力，这是我们的疏忽。对此我们表示歉意。大家谁也不会为了亏本来谈判，因此，我们愿就价格问题专门进行磋商。"这样一来，对方就不会觉得你是为了掏他的腰包，而是真诚地为了继续合作，在重新讨论价格时，就显得十分宽容和大度。

(2) 婉转地提出不同意见。在谈判中，当你不同意对方意见时，切忌直接提出自己的否定意见。这样会使对方在心理上产生抵触情绪，反而千方百计地维护自己的观点。如果有不同意见，最好的方法是先统一对方的意见，然后再做探索性的提议。

(3) 谈判无法进行，应立即休会。如果在洽谈中，某个问题成了绊脚石，使洽谈无法进行下去，双方为了捍卫自己的原则和利益，各持己见，互不相让，使谈判陷入僵局。休会的策略为那些固执己见型谈判者提供了请示上级的机会，同时也为自己创造了养精蓄锐的机会。

谈判实践证明，休会策略不仅可以避免僵持局面和争论的发生，而且可以使双方保持冷静、调整情绪，平心静气地考虑对方的意见，达到顺利解决问题的目的。"休会"是国内外谈判人员经常采用的基本策略。

4. 声东击西策略

声东击西策略是指己方为达到某种目的，有意识地将洽谈的议题引导到无关紧要的问题上故作声势，转移对方的注意力，以求实现自己的谈判目标。

具体做法是在无关紧要的事情上纠缠不休，或在自己不成问题的问题上大做文章，以分散对方对自己真正要解决的问题上的注意力，从而在对方无警觉的情况下，顺利实现自己的谈判意图，例如，对方最关心的问题是运输方式，而己方最关心的问题是价格问题，这时，谈判的焦点不要直接放到价格和运输方式上，而是放在价格和交货时间上。在讨价还价时，己方可以在交货时间上让步，而作为让步的交换条件，要求对方在运输方式上作出让步。这样，对方感到了满意，己方的目的也达到了。

5. 最后通牒策略

当谈判双方各持己见，争执不下时，处于主动地位的一方可以利用这一心理，提出解决问题的最后期限和解决条件。期限是一种时间性通牒，它可以使对方感到如不迅速作出决定，将会失去机会。因为人们往往对得到的东西并不珍惜，而对要失去的、然而本来在他看来并不重要的某种东西，却一下子变得很有价值。在谈判中采用最后通牒的策略就是借助人的这种心理定式来发挥作用的。

最后通牒既给对方造成压力，又给对方一定时间的考虑，随着最后期限的到来，对方的焦虑会与日俱增。因为谈判不成功损失最大的还是自己，因而，最后期限的压力，迫使人们快速作出决策。一旦他们接受了这个最后期限，交易就会很快顺利地结束。

【实例】

1. 卖方常用的最后期限法

卖方由经验中知道：某些最后期限能够促使买方决定购买。以下的几个方法，可促使原本无心购买的买方决定购买：

（1）5月8日价格就要上涨了。
（2）这个大优惠只在20天内有效。
（3）大拍卖将于9月28日截止。
（4）存货不多，欲购从速。或者是：大拍卖，结束在即，欲购从速。
（5）如果你不在8月5日以前给我们订单，我们将无法在9月10日前交货。
（6）生产这批货物，整整需要6个星期时间，而且这是最后一批。
（7）唯有立刻订货，才能确保买到你所需要的货物。
（8）今天下午3点有一趟直达的火车，你要不要马上购货，赶上这班车呢？
（9）如果我们明天收不到货款，这项货物就无法为你保留了。

2. 买方常用的最后期限法

卖方懂得用时间期限促买方。同样，买方也可用期限的力量压卖方。以下是买方用来刺激卖方完成交易的12个最后期限：

（1）我10月12日以后就没钱购买了。
（2）在明天以前，我需要知道一个确定的价钱。
（3）我要在星期五以前完成订货。
（4）如果你不同意，明天我就要找别的卖主商谈了。
（5）我不接受8月6日以后的估价单。
（6）请你把价钱全部估出来，明天就把估价单给我。
（7）星期三以后，我就不一定会买了。
（8）这次交易需要经过我们老板批准，可是他明天就出国。

(9) 这是我的生产计划，假如你不能如期完成我只好另找他人。
(10) 我们的财务年度结算在 12 月 28 日就要结账了。
(11) 我从星期三起要去度假四个礼拜。
(12) 厂务会明天就要研究这批货物问题，你究竟接不接受这个价格呢？

第二步　熟悉谈判技巧

在谈判中，在掌握了谈判的策略之后，还需要运用一些技巧，化解谈判中出现的突发情况，做到随机应变。

1. 适当反问

在谈判中，反问的作用及相对应的方式见表 4—9。

表 4—9　　　　　　　　　　　反问的作用

作用	是否需要回答	方式
加重语气	此种反问并不期望对方作出回答	"请你想一想，假若答应你的条件，我的领导能同意这份合同吗？" "你问我相不相信你所报的成本，难道你看不出我从来就不怀疑你们的诚实吗？"
要求说明问题	此种提问需要对方作出说明	"你问我在打八折时能不能接受全部商品，这里包不包括由我们挑选的品种？"
争取时间考虑问题	需要对方回答	"这个问题留待以后再讨论好吗？" "你问我新产品价格够不够低廉，但我还没有听到关于质量的介绍，你能加以说明吗？"

2. 答话技巧

谈判实际上是说服对方接受自己观点的过程。而这个过程是通过陈述问题和回答问题来实现的。要使对方信服你的回答，必须经历由不相信到相信的转变过程。这种转变要求对方抛弃某些陈旧的观念，抛弃某些他已经习惯的做法。因而答话的技巧是很重要的。

答话的技巧具体包括见表 4—10。

表 4—10　　　　　　　　　　　答话技巧

技巧	解析	实例
引起兴趣	答话要暗示后面有许多重要问题，这就能引起对方的兴趣	"当然，你的问话是有道理的。不过，有一些材料，你可能还不知道，我们可以给你介绍。" "这个问题是可以公开谈论的，不过在这之前，请允许我先作个说明。"

续表

技巧	解析	实例
随机应变	谈判过程中双方难免发生争执,因为些小事而陷入僵局,妨碍对方听取你的陈述。这时候就要善于转变话题	"我们所谈的已是另外一个主题了,待会儿再回头来讨论吧。""这个问题涉及的范围很广,分成几个问题,便于我们讨论。"

3. 答复技巧

谈判中的答复必须讲究策略与技巧。在谈判中正确的答案未必是最好的答复,它从内容到形式的选择都不如提问那样有一定的自由度,相反,却要承担一定的风险。应答的技巧不在于回答的"对"与"错",而在于应该说什么,不应该说什么。

一般而言,谈判中答复的技巧具体见表4—11。

表4—11　　　　　　　　　答复技巧

技巧	解析
有备而答	在谈判中,对对方提出的每个问题都必须站在谈判全局的利益高度上认真对待、冷静思考、谨慎从容地应付。要记住,对对方提的每一问都必须想一想:"他为什么问这个问题?"越是在对方催促自己作答的情况下,越要沉着冷静、深思熟虑
局部作答	己方不应有问必答,而应有选择性地回答,对其他问题则可采取装聋作哑、听而不闻、不着边际等方式搪塞过去
含糊应答	借助一些宽泛模糊的语言,看似已作答,其实已留有余地,具有某种弹性,即使在意外情况下也无懈可击
拖延回答	在谈判中如果对方所提的问题动机不明,或己方觉得"从实招来"于己方不利,或问题很棘手,而对方又频频催问,己方不便表示拒答,则可以施行"缓兵之计",拖延回答
答非所问	当谈判对手提出的问题己方不好回答,或作出回答会带来某些风险与不利,而对方又一再催促己方作答。如己方拒不回答,会被指责为对成交缺少诚意;而勉强作答,说不定会落入对方陷阱
有偿作答	当对方在谈判中运用投石问路策略时,高明的谈判者决不会轻易地就范,而会沉着冷静,因势利导,根据对方的提问反过来试探对方
反客为主	当对方提出试探性的问题,试图摸索己方的底细时,己方为了不露底牌,想抑制对方的发问,甚至为了反过头来探明对方的虚实,找出和扫除成交的障碍,可以在接过问题后通过抓住关键的问题向对方反问,以反客为主,掌握主动

续表

技巧	解析
沉默反观	对于一些明显不值得回答或不便回答的问题，如果不回答对方也无法指责的话，完全可以不予理会。当然，不要只是简单地沉默不语，可以"顾左右而言他"或辅以某些相应的"体态语言"，如微笑的中断、皱眉头、作出以手按眉毛下部等表示体况不佳的动作、双手在胸前交叉、目光旁视等动作向对方发出所提问题无法回答的信息

（1）含糊应答。

【实例】

在超市负责啤酒采购的小王在一次谈判中，卖方问："请问，您对我们这次交易能否获得成功怎么看，有信心吗？"小王答道："我想贵方应当是已经充分理解了我们在产品价格、质量上的立场，按正常的情况，我们应当是有信心的。"小王的答复似乎在最后亮出了"有信心"三个字，表明了自己的决心与诚意；但其实只包含了一个暗示性的假言判断，即假如你方在质量、价格上按己方要求，我们就可以成交；假如你方的产品不符合要求，那就不可能成交。

（2）拖延回答。

【实例】

小张在一家医疗器械公司上班，在一次与买主谈判中，买主一定要了解生产方面涉及机密的问题，小张说："很抱歉，因为没估计到贵方会提到这个问题，现在我们带的资料不全，待我们回去找到所需资料后便可答复你们。"也可以说："你所提出的问题，请允许我们向上级有关领导请示后再答复好吗？"还可以说："你提出的问题很重要，我想你是希望我们为你作出详尽、圆满的答复，但是需要时间，请让我们充分考虑一下好吗？"

（3）答非所问。

【实例】

比如说："你提的这个问题我方也认为确实重要，我们的看法是必须切实解决，而这就涉及一个更为重要的问题，那就是……"

又如说："刚才你提到的问题的确很值得商讨。我们也遇到过这样一件事……不知你们对此有何看法？"

（4）有偿作答。

【实例】

对方问:"如果己方增加两倍的订货量,你方能给予多少个百分点的优惠?"卖方可以回答说:"如果我告诉您,有一定的优惠,咱们就签订成交合同,怎么样?"

又如买方问卖方:"如果我们要求按己方设计的规格生产,那么价格能否可以保持不变?"卖方答道:"我们这种规格的产品在市场上适应面广,销量很大,供不应求。如果要重新按贵方的设计规格来生产,那么将意味着很多工序都要作出新的调整,成本肯定会上升,而且要求你们的订货量起码要达到10万个,价格要提高5个百分点,不知你们是否可以接受?"

(5) 反客为主。

【实例】

玛丽在一次谈判中,就遇到过一个买主,在审阅了玛丽的报价单后说:"我看了你们的报价,在研究成交细节前,你能否更完整地说明一下,价格上涨了30%,是用什么方法计算出来的?"这是一个很难应付的试探,答不好,可能为买方压价提供了许多的攻击点,而这正是买方提问的动机所在。因此,玛丽回答说:"物价上涨与成本提高的关系是不言而喻的。当然,如果你对这个提价的幅度感到不满意的话,我很乐意就你觉得不妥的某些具体问题予以澄清,请问你认为有哪些方面不妥?"

(6) 沉默反观。

【实例】

小琳有一次在谈判中,就是运用这个技巧获取了重要的信息,卖方问小琳:"你能在本月中旬以前决定成交吗?"小琳沉默。卖方又问:"本月中旬以前,你如果订一大笔货的话,我可以保证向你提供一定的优惠,有兴趣吗?"小琳若有所思,但仍缄默不语。卖方沉不住气了,说:"我们公司计划在近期内大幅度地涨价,如果你过了这个月中旬不成交,就恕我爱莫能助了。"小琳什么都没有做,就获得了宝贵的信息,做成了一大笔好生意。

第三步 报价、还价

报价又称提出条件,是指谈判磋商阶段开始时提出讨论的基本条件。这一步并不是单指一方的报价,同时也指对方的还价。所以,报价、还价运用得是否科学合理,将关系到整个谈判过程的利益得失。因此,需要解决下面一些问题:

谈判双方在结束了非实质性谈判后,将话题转入正题,即提出各自的交易条件,那谁先报价呢?先报价是否有利呢?很难一概而论,因为先报价与后报价各有利弊。

1. 先报价的优点

（1）对谈判的影响较大。先报价实际上为谈判划定了一个框架或一条基础线，最终协议将在此范围内达成。比如买方报价某货物购进价为1 000元，那么，最终成交价不会低于1 000元，而如果卖方报价为1 000元，则最终成交价不会高于1 000元。

（2）使对方处于被动地位。首先报价，如果出乎对方的预料和设想，往往会打乱对方的原有方案，使其处于被动地位。

2. 先报价的缺点

（1）给对方多一个机会。对方了解到己方的报价后，可以对他们自己原有方案进行调整，这等于使对方多了一个机会，如果己方的交易起点定得太低，他们就可以修改先准备的定价，获得意外的收获。

（2）给对方一个攻击目标。先报价，会给对方树立一个攻击的目标，他们常会采用集中力量攻击这一报价，迫使报价方一步步退让，而报价方有可能并不知道对方原先方案的报价处于被动。

> **老C提醒：**
>
> 在谈判磋商阶段，究竟应由谁先报价为宜呢？这要根据谈判的不同性质的需要来决定。不过，在己方比较了解对方的需要或底盘的情况下，争取率先报价比较有利，而反之最好请求对方先报价，这可为己方作个出价参考。另外，一些己方占有绝对优势的谈判，如拥有谈判地位的产品，拥有多角度谈判的选择性等，己方如率先报价能够进一步强化优势，主导谈判。

3. 报价原则

在报价时，应遵循一些原则，具体见表4—12。

表4—12　　　　　　　　　　报价原则

原则	内容
卖高买低	对卖方来讲，开盘价必须是"最高的"。相应地，对买方而言，开盘价必须是"最低的"这是报价的首要原则
开盘价必须合乎情理	卖方开盘价，是报价要高，但绝不是漫天要价，而应是合乎情理，如果报价过高，又讲不出道理，会使对方感到你没有诚意，甚至于不予理睬，扬长而去。对于买方来说，不能漫天杀价，会使对方感到你没有常识，而对你失去信心，或将你一一攻倒，使你陷于难堪境地

续表

原则	内容
报价应该坚定、明确、完整	开盘价要坚定而果断地提出,这样才能给对方留下认真而诚实的印象,如果欲言又止,吞吞吐吐,就会导致对方产生怀疑。报价时非常清楚,并不加过多的解释、说明。因为对方听完你的报价,肯定会对他感兴趣的问题提出质疑,这样我们可以根据对方的兴趣所在有针对性地进行解释和说明,否则,会被对方找出破绽,抓住把柄

4. 还价方法

谈判就是要对各不相同的主张和条件进行磋商,而谈判的双方一拍即合,也就无须深入的讨论。所以,谈判的磋商阶段中,一方报了价,另一方就可能会还价。要还价,就要讲究还价的策略。

(1) 准确了解对方意图。在还价之前必须充分了解对方报价的全部内容,准确了解对方提出条件的真实意图。要做到这一点,应在还价之前设法摸清一下对方报价中的条件哪些是关键的、主要的;哪些是附加的、次要的;哪些是虚设的或诱惑性的;甚至有的条件的提出,仅仅是交换性的筹码。只有把这一切搞清楚,才能提出科学而策略的报价。

为了摸清对方报价的真实意图,可以用点时间来逐项核对对方报价中所提的各项交易条件,探询其报价根据或弹性幅度,注意倾听对方的解释和说明。但不要加以评论,更不可主观地猜度对方的动机和意图,以免给对方反击提供机会。

(2) 还价应在协议区内。准确、恰当地还价应掌握在双方谈判的协议区内,即谈判双方互为界点和争取点之间的范围,超过此界限,便难以使谈判获得成功。

(3) 谨慎重新报价。如果对方的报价超出谈判协议区的范围,与己方要提出还价条件相差甚大时,不必草率地提出自己的还价,而应首先拒绝对方的报价。必要时可以中断谈判,给对方一个再次出价的机会,让对方在重新谈判时另行报价。

> **老C提醒:**
>
> 可以用以下几种方法处理报价与还价之间的巨大差距:
> (1) 由己方报价取代对方不实际的报价。
> (2) 对对方的报价附加条件进行限制。例如,在购销合同谈判中,买方可以以卖方提出的高价格为基础谈判,但必须规定提高货物的质量。
> (3) 建议对方放弃此问题上的报价,改由在其他问题上报价。
> (4) 对方"漫天要价",己方"就地还价"。

第四步　评估调整

在谈判磋商的过程中，谈判双方各自以自己利益出发，唇枪舌剑，左右交锋，竭力使谈判向有利于自己的方向发展。

在谈判磋商阶段，对谈判计划、谈判方案、谈判人事安排以及谈判的其他方面，根据谈判的发展变化，进行分析判断、重新调整。这项工作之所以重要，是因为无论前面的工作做得如何充分、仔细、全面，都无法穷尽实际谈判过程中的每一个细节，并适应每一种变化。

谈判一旦进入实战阶段，必然会出现始料不及的新情况、新变化。如果谈判者不想在谈判中墨守成规，处于被动，就应当伴随谈判磋商阶段的讨价还价，信息交流，不断调整原定计划中的不适之处。

> **老C提醒：**
>
> 要做好评估调整工作，可以从以下几个方面进行：
>
> （1）研究对方的报价资料，判断其真假虚实，对己方的报价重新认识、调整。
>
> （2）整理谈判资料档案，把谈判中新获取的资料信息随时收入档案，并撤出那些已被证明是虚假的、无用的信息资料。
>
> （3）结合新情况、新问题，修改或制订新计划、新方案，并在谈判人员中进行论证，反复调整。
>
> （4）根据报价过程中结束的情况，重新评价双方是否存在谈判的协议区：协议区有多大？以决定谈判是否继续下去，如果继续下去，应如何调整谈判的起点，界点和争取点等。
>
> （5）认真总结前面的经验教训，堵塞工作漏洞，调整工作方法，确保谈判向更有利于己方的方向进行。
>
> （6）根据需要，调整谈判人员，既要保证谈判团体的相对稳定性，又要保证谈判团体的活力。

第五步　驾驭谈判议程

谈判过程中，如双方发生争执，使双方剑拔弩张，可能会超过慎重的界限，破坏谈判的气氛；或者争论起来不着边际，失去控制。因此，应注意驾驭谈判局面，控制谈判过程，如能很好地做到这一点，就会赢得谈判中的主动地位。

（1）对前面的工作进行回顾和总结，这可以提醒或引导对方认识所处的谈判阶段，拨正双方谈判的议题。

（2）强调双方共同的利益。谈判双方在分歧加大时，可以利用强调共同利益的策略，来暗示两败俱伤的后果。

（3）拨正议题。如果谈判偏离了正常航道，应及时进行拨正，例如："你举的例子很有参考价值，不过，我们是否先就此批货物的价格取得共识。"

（4）更换人员。有时为了控制局面，可以考虑变更谈判人员，使相互不让步的议题暂时搁置。

（5）控制进度。谈判中所涉及的问题有的三言两语就可解决，有的则几天、几月也谈不完。谈判应根据需要，没谈透的问题应反复再谈，无须再谈的议题就应跳过去。

（6）临时休息。这样可以调节精力、时间和气氛，有时还可利用个别交谈的机会，破解难题。

第六步　寻找方案

谈判在进入实际的磋商阶段之后，谈判各方往往会由于某种原因而相持不下，陷于进退两难的境地，即谈判的僵局。

谈判之所以陷入僵局，一般不是因为各方之间存在不可解决的矛盾，多数情况下是由于各方基于感情、立场、原则等主观因素所致。所以，谈判者在谈判开始之后，在维护己方实际利益的前提下，应尽量避免由于一些非本质性的问题而坚持强硬的立场，以导致谈判的僵局。

> **老C提醒：**
>
> 一旦谈判陷于僵局，谈判各方应探究原因。积极主动地寻找解决的方案，切勿因一时陷入谈判的僵局而终止谈判。如何打破出现的僵局，可采用以下一些办法：
>
> （1）更换话题。谈判过程中，由于某个议题引起争执，一时又无法解决，这时谈判各方为了寻求和解，可以变换一下议题，把僵持的议题暂时搁置，等其他议题解决好，在友好的气氛中再讨论，利于解决僵持的问题。
>
> （2）更换谈判的主谈人。有时谈判的僵局是主谈人的个人因素所造成的。僵局一旦形成，主谈人的态度便不易改变，有时会滋生抵触情绪，有损谈判，此时，应考虑更换主谈人，新的主谈人以新的姿态来到谈判桌上，使僵局能够得以缓解。
>
> （3）暂时休息。谈判各方由于一时冲动，在感情上"较劲"之时，应当从

谈判的实际利益出发，考虑暂时休会，等气氛缓和下来再谈。在冷静、平和的气氛中，谈判各方才会为了自身的利益求同存异。

（4）寻找其他解决的方案。谈判各方在坚持自己的谈判方案互不相让时，谈判就会陷入僵局，此时，解决的最好的办法是，放弃各自的谈判方案，共同来寻求一种可以兼顾双方利益的第三种方案。

（5）提请有关专家单独会谈。由各方专家单独会谈，谈判者可依据谈判僵局所涉及的专门问题，提请有关专家单独会谈。例如，涉及法律问题，可由双方律师单独会谈；涉及技术问题，可由双方工程师、技师单独会谈；同行之间会谈，可以避免不少麻烦，容易找到共同点，也有助于产生解决问题的新方案。

实操演练

1. 实操背景

某采购公司商务助理到某市去购买一批大豆，在与销售商进行谈判时陷入了僵局，需要将局面缓解。

2. 实操步骤

（1）分析谈判陷入僵局的原因。
（2）根据原因选择针对性的解决办法。

3. 模拟时间

1个课时。

4. 参与人数及方式

3~5人组成一个小组，分成两个小组分别扮演谈判双方，模拟陷入僵局后寻找解决办法的过程。

5. 效果要求

学员熟练掌握商务谈判中陷入僵局后的解决方案。

工作任务三　促成谈判

小C：我上周的一次谈判明天就要签字，终于可以松口气了。
老C：提前恭喜你了，但是在还没有签字之前，你还是不能放松啊！
小C：都已经说好了明天上午签字，还有什么不放心的呢？
老C：这个你就不懂啦，有好多突发事情的，一定要多做几手准备，确保签字仪式顺利完成。
小C：怎么还会有突发状况啊？不可能吧？
老C：事物都是变化发展的，所以你要做好各种准备。比如，再把合同认真地研读，寻找有没有存在漏洞，以免造成不可估量的损失。
小C：好的，我明白了，我马上去仔细看看。
老C：等明天合同签字之后，你就可以彻底地放松放松，再坚持一天吧！

基础知识

进入谈判的最后促成阶段后，更要注意迅速达成协议的技巧，以免出现前功尽弃的局面。谈判双方都希望能够迅速地达成协议。那么，如何使用谈判技巧去解决这个问题呢？

一、迅速达成协议

迅速达成协议要把握下列要点：协议要包括对方的目的，并为对方所接受；一个协议的签订不仅包含一方所要达到的目的，而且要包含对方需要达到的目的。

二、谈判技巧

在此介绍几种谈判的技巧，以供参考。

1. 换位思考

迅速达成协议的第一个障碍，是把对方谈判的目的看成是"他们企业的事"，因而置对方的要求和利益于不顾。当你从对方的角度进行考虑之后，可以根据其来制定一定的针对性策略。

如果希望迅速达成协议，就要抛开单方面考虑自己利益的狭隘思想，从对方的立场去考虑他们的利益，提出足以令对方心动和满意的方案，使他们容易进行抉择，谈判就能够迅速成功。

2. 寻找签订协议的新理由

一般是由企业的高层领导决定购销业务，但是真正坐到谈判桌前却是供销员。因此，要设法帮助对方的谈判代表找到迅速签订协议的理由。这个理由应该是能够支持迅速达成协议的新理由。当谈判代表感觉到已经掌握了足够的新理由去说服企业的经理和董事长时，他就愿意在协议上迅速签字了。

足以使谈判代表获得新理由的内容极其广泛，包括各种各样的信息、新的理论、新的政策法规、新的管理办法、新的营业方式等。谈判一方的任务是为对方找到新理由，首先使他信服，并加强他说服的分量，使他转而去说服他人。

例如，某企业经理估计在未来时间内彩色电视机将在农村畅销，但什么时候出现这种情况，把握不准。如果另一方提示谈判代表，该地区将设立微波站，不久还有卫星传播电视节目，这个新消息将给谈判代表一个新理由，用以说服他的领导者，推动协议迅速签订。

3. 从对方熟悉的、已有经验的状况开始

人们对自己熟悉和已有的经验往往十分重视，决定的问题经常用它来做参照的标准。在谈判当中，一旦遇到他熟悉的条款，便能根据过去的经验迅速作出决定。因此，在谈判之前，尽可能了解谈判对手过去的谈判经历、决定问题的习惯、爱好、对问题的理解能力等，自然是很必要的。从最容易解决的条款入手，有助于增加谈判的信心，有助于解决更复杂、更棘手的问题。

4. 减少谈判空间

谈判时要注意成效，务必把注意力放在具有决定性的内容上，无须留下过多讨价还价的余地。例如，一匹能跳过高栅栏的马，就不要再加高栅栏，不要待到跳不过去时再把它降下来。如果你的产品定价10元，已经得到满意的利润，就不要开价14元；待到买方还价8元，然后再去请他"再往前走一步"，以10元的价格成交。这种做法并不是聪明的。制定协议条款不要太苛刻，努力作出实质性的决定，减少讨价还价所浪费的时间和精力。

5. 多拟订几个协议方案

在谈判中多拟订几个不同目标的方案，几种不同的执行办法。这不仅是科学决策的要求，而且也是迅速达成协议的需要。有了这些方案，就可以将其分为"主要达成"和"次要达成"两种。当前者很难达成协议，可以选考虑较少的、程度较浅的次要协议。次要协议的解决，将有助于主要协议的解决。

协议难于达成时，不仅可以考虑改变协议的强度，甚至可以改变协议的范围。此外，在谈判过程中，根据实际情况及时地拟订另外的方案，并非为时过晚，这种情况应该视为正常现象，有利于协议迅速签订。

实操过程

商务谈判的最终是为促成交易，签订合同。谈判双方经过磋商、让步，最终对各项交易条件达成了共识，于是谈判进入促成阶段。在促成阶段，为了确认谈判各方的权利、义务，要通过合同的形式来确立、变更或终止双方的权利义务关系，这样才能取得法律的保护，这种结果才是巩固的、确定的。

第一步 最后回顾

最后回顾时，主要考虑以下几点：
（1）明确是否所有的项目都已谈妥，是否还有遗漏的问题尚未解决。
（2）明确关于所有交易条件的谈判是否都达到了己方的期望值或谈判目标。
（3）明确己方最后可作出的让步限度。
（4）决定己方将采取何种谈判技巧来结束谈判，进行签约。

> **老C提醒：**
>
> 回顾的时间与形式取决于谈判的规模。可以安排在正式谈判以外的休息时间里进行，也可以在己方内部安排一个正式会议，由己方谈判负责人主持进行。不管回顾的形式怎样，都应以有利于己方的总体利益为原则。

第二步 起草备忘录

谈判工作的记录就是备忘录。在促成阶段，双方要根据已经讨论过的各项内容起草一个协议备忘录。备忘录并不作为有约束力的协定，只是双方当事人暂时商定的一般原则,是达成正式协议的基础。

备忘录与协议不同的是,它所注重的是内容而不是措辞,不需要逐字逐句去推敲。一份完好的备忘录中,双方的要求、希望和主要条件才是最重要的,没有必要过分注重细节。备忘录虽然不是合同书或正式协议书,但一经双方签字,就代表双方的承诺,整个谈判过程大抵算是完成了。

【范本】

谈判备忘录

1. A公司(简称A)要求B公司(简称B)将现行生产的××生产技术以××的方式出售给A。

2. A要求向B购买为建造××所需的全部设备和材料,以便在船厂自行建造,并只向A提供。(详见B提供的材料清单)(略)

3. A所属的生产部门按照上述第1项、第2项在生产时,只聘请B工程技术专家,对该设备建造进行技术指导。

4. A确认对于上述生产所需的全部设备和材料的转让制造,双方同意其付款条件是委托××银行开立经××银行通知的以B为受益人的不可撤销信用证,以美元支付。

5. 本备忘录中之第1、2、3条和第4条作为一个完整的整体。(但转让××技术是可以进一步探讨的)

6. 关于向A转让××技术,B与××有关部门需进行详尽的讨论。

在研究A所提出的协议书草案后,B将向A发出邀请,派代表团前往参观和进一步讨论转让××技术的可能性。

7. 双方都有义务对本备忘录保守秘密,A方保证不向他人转让备忘录和协议书规定的资料。

     A公司   B公司
     经理   经理
     签字××   签字××

             ××××年××月××日

注:双方就共同感兴趣的××、××、××等进行了初步谈判后,双方认为有可能进行深入一步洽谈时,可写出双方都能接受的备忘录,而备忘录是一简单的、初步的协议书。

第三步 起草谈判协议或合同

有的学者认为合同文本应尽量争取由本方来写,因为这样做可以控制合同内容的形成。那么，如果由本方来撰写，要注意必须具备以下内容：

（1）关于执行双方所达成协议的特殊要求，其中包括详细技术条件及待完成工作的描述。

（2）详细的付款办法。比如，在什么情况下，付款可以推迟或停止；如果不能按时交货或某些项目不符合协议时该怎么办。

（3）关于交货的一些条款。它们应能反映双方的意愿，包括执行合同过程中如何对交货期进行调整的问题。

（4）协议可以修改的条件。

（5）如何解决双方发生纠纷。

（6）可选的附加规定以及用何种办法来执行这一规定。

（7）关于未写入协议文本的内容，在何种条件下对该内容未予说明将被合理地视为因疏忽而造成的遗漏。

（8）执行协议所需的行政步骤。

（9）本方法律顾问认为必须写进去的法律上的规定。

（10）虽然对方坚持认为不需要，但本方顾问认为必须包括在合同之内的条款，一定想办法把这些条件都写进去，一旦被遗漏时，它们正是可引起争端的那些内容。

（11）除非合同内容本身要求有某种灵活性，关于合同执行的起止日期必须有明确规定。

需要注明的是，这十一项内容只是在规范性合同撰写基础上的特别提示，换句话说，合同文本的撰写最基本的要求是符合国家合同法的规定，符合规范合同的模式。

【范本】

××采购合同

甲方（采购单位）：_____，电话号码：_____

乙方（供货单位）：_____，电话号码：_____

甲乙双方根据_____年_____月_____日_____政府采购中心第_____号采购项目招标结果及相关招投标文件，经协商一致，订立本合同，供双方共同遵守：

第一条　甲方采购的物品内容和成交价格（金额单位：人民币元）

_____

第二条　物品的质量技术标准、乙方售后服务及损害赔偿

1. 物品的质量技术标准按国家法律法规规定的标准、招标文件和乙方投标文

件所要求的技术标准执行。

2. 保证是原产地生产的原装产品，否则按退货处理。

3. 物品在免费保修期内，如果出现三次以上因质量问题引起的故障，公司负责更换同类新的物品。

4. 乙方应按生产厂家的保修规定和投标文件说明的服务承诺做好免费保修等服务，免费保修期限_____；但属于正常合理的损耗应由甲方承担。

5. 在正常使用的情况下，物品保证有_____年使用期限。

6. 乙方售后服务响应时间：_____。否则，甲方可自行组织维修，费用由乙方承担，甲方可在货款和其他应付乙方的款项中扣除。

7. 如因乙方物品质量原因，导致甲方损失，乙方应予以赔偿。

第三条　交付和验收

1. 交付时间：_____；交付地点：_____。

2. 乙方负责物品的运送、安装、调试，负责操作培训等工作，直至该物品可以正常使用并且操作人员能熟练操作为止；负责提供物品的中文说明书、中文使用手册、中文维修手册及电路原理图，并承担由此产生的全部费用。

3. 验收时间：甲方必须于乙方提出验收申请后_____个工作日内组织验收。甲方验收合格后应当出具验收报告。

4. 验收标准：

1) 单证齐全：应有产品合格证（或质量证明）、使用说明、保修证明、发票和其他应具有的单证；

2) 质量符合国家法律、法规规定的标准、招标文件和投标文件的要求。

第四条　货款的结算

1. 结算依据：采购合同、乙方销售发票、甲方出具的验收报告

2. 结算方式：_____

第五条　乙方的违约责任

1. 乙方不能交货的，甲方不向乙方付款。乙方应向甲方偿付相当于不能交货部分货款的10%的违约金；

2. 乙方所交物品品种、数量、规格、质量不符合国家法律法规和合同规定的，由乙方负责包修、包换或退货，并承担由此而支付的实际费用；

3. 乙方逾期交货的，按逾期交货部分货款计算，向甲方偿付每日千分之五的违约金，并承担甲方因此所受的损失费用。

第六条　甲方的违约责任

1. 甲方逾期付款的，应按照每日千分之五的比例向乙方偿付逾期付款的违约金；

2. 甲方违反合同规定拒绝接货的，应当承担由此对乙方造成的损失。

第七条　不可抗力

甲乙双方任何一方由于不可抗力原因不能履行合同时,应及时向对方通报不能履行或不能完全履行的理由,以减轻可能给对方造成的损失,在取得有关机构证明后,允许延期履行、部分履行或不履行合同,并根据情况可部分或全部免予承担违约责任。

第八条 争议的解决

1. 因货物的质量问题发生争议,由法律及有关规章规定的技术单位进行质量鉴定,双方无条件服从该鉴定的结论;

2. 执行本合同发生纠纷,当事人双方应当及时协商解决,协商不成时,任何一方均可向合同签订地人民法院提起诉讼。

第九条 监督和管理

1. 合同订立后,双方经协商一致需变更合同实质性条款或订立补充合同的,应先征得政府采购监督管理部门同意,并送其备案。

2. 甲乙双方均应自觉配合有关监督管理部门对合同履行情况的监督检查,如实反映情况,提供有关资料;否则,将对有关单位、当事人按照有关规定予以处罚。

第十条 无效合同

甲乙双方如因违反政府采购法及相关法律法规的规定,被宣告合同无效的,一切责任概由过错方自行承担。

第十一条 附则

1. ＿＿＿＿政府采购中心第＿＿＿＿号采购项目的招标文件、中标通知、乙方投标文件及澄清说明文件都是本合同的组成部分,甲、乙双方必须全面遵守,如有违反,应承担违约责任。

2. 本合同一式三份,甲方、乙方、××政府采购中心各执一份。

3. 本合同自签订之日起生效。

4. 附件:＿＿＿＿＿＿＿＿＿＿＿

采购单位(甲方):＿＿＿＿＿＿   供货单位(乙方):＿＿＿＿＿＿

法定代表人:＿＿＿＿＿＿＿＿   法定代表人:＿＿＿＿＿＿＿＿

委托代理人:＿＿＿＿＿＿＿＿   委托代理人:＿＿＿＿＿＿＿＿

开户银行:＿＿＿＿＿＿＿＿＿   开户银行:＿＿＿＿＿＿＿＿＿

账号:＿＿＿＿＿＿＿＿＿＿＿   账号:＿＿＿＿＿＿＿＿＿＿＿

电话号码:＿＿＿＿＿＿＿＿＿   电话号码:＿＿＿＿＿＿＿＿＿

签约地址:＿＿＿＿＿＿＿＿＿

签约时间:＿＿＿＿＿＿＿＿＿

> **老C提醒：**
> 在合同文本中要特别注意防止出现以下一些问题：
> （1）遗漏条款。
> （2）文字语义不清，有多种不同的解释。
> （3）条件不严谨，有空子可钻。
> （4）与协议内容无关的陈词滥调。
> （5）许多未经事先审查的参考性文件。
> （6）相互抵触的条款，未明确规定发生争议时以哪一条为标准。

第四步　审核合同文本

在审核合同文本时，从三个方面考虑：
（1）如果文本使用两种文字撰写，则要严格审核两种不同文字的一致性。
（2）如果使用同种文字，则要严格审核合同文本与协议条件的一致性。
（3）核对各种批件，包括项目批文、许可证、用汇证明、订货卡等，是否完备以及合同内容与各种批件内容是否一致。

> **老C提醒：**
> （1）审查文本必须对照原稿，不要只凭记忆阅读审核。
> （2）要注意合同文本不能太简约。啰唆固然不好，过于简约弊处更大。合同的简约往往会造成钻空子，造成经济损失。

第五步　确认签字人

在商务谈判中，主谈人不一定是签字人。所以，要确定比较合适的签字人。国际商务谈判中合同一般应由企业法人签字，政府代表一般不签，若合同一定需要由企业所在国政府承诺时，可与外贸合同同时拟一"协议"或"协定书""备忘录"，由双方政府代表签字，该文件为合同不可分割的一部分。国内商务谈判中如有涉及政府部门的担保或其他关系时，也可参照上述办法。

老C提醒：

国际商务谈判中，有些国家、地区的厂商习惯在签约前让签约人出示授权书，授权书由所属企业最高领导人签发，若签字人就是公司或企业的最高领导，可以不要授权书，但要以某种形式证实其身份。

第六步　安排签字仪式

由于合同的不同分量和影响，因此合同的签字仪式也不同，具体见表4—13。

表4—13　　　　　　　　签字仪式

类型	举行地点	签字人	仪式规模
一般合同	谈判地点或举行宴会的饭店	双方主谈人	仪式较简单
重大合同	谈判大楼	双方领导	仪式比较隆重，仪式的繁简取决于双方的态度，有时需专设签字桌，安排高级领导，会见对方代表团成员，并请新闻媒体记者参加等
国际性	谈判大楼或政府机关会客厅	双方领导	若有使、领馆的代表参加，联系工作最好由外事部门经办。如果自己与有关使、领馆人员熟悉，也可以直接联系，但也应向外事部门汇报请求指导，这样做既不失礼，又便于顺利地做工作

老C提醒：

在签字前后的整个过程中，都存在交际交往问题，必须注意两点：

（1）切忌一派吃亏上当的景象，满腹的委屈、满脸的冤枉、满身的不舒服。你必须明白，谈判是一种双赢的社会活动，双方互有盈亏，不能妄想非让对方走投无路才是自己的胜利；另外，"愿赌服输"是一切谈判的游戏规则，在对手面前一派输不起的景象，只会令人小觑和鄙视，为今后的谈判埋下失败的种子。

（2）切忌一派得意忘形、沾沾自喜、玩弄人于股掌之上的小人形象。这样做会激起对方的疑心、猜忌和不满，容易把本来皆大欢喜的事情搞糟、搞砸或搞得节外生枝。

实操演练

1. 实操背景

某服装公司将采购一批布料,已经进入到最后的促成阶段,需要由商务助理起草一份采购合同。

2. 实操步骤

根据实操过程中第三步的××采购合同起草一份采购合同。

3. 模拟时间

1个课时。

4. 参与人数及方式

3~5人组成一个小组,共同设计完成,也可以个人单独完成。

5. 效果要求

学员熟练掌握起草采购合同。

练 习 题

一、单项选择题

1. 在商务谈判中,( )方式在国际贸易的商务谈判中使用最普遍、最频繁,但在国内贸易的商务谈判中则较少使用。

　　A. 面对面谈判　　　　　　　B. 电话谈判
　　C. 函电谈判　　　　　　　　D. 网上谈判

2. 在谈判磋商中,( )策略是指己方为达到某种目的,有意识地将洽谈的议题引导到无关紧要问题上故作声势,转移对方注意力,以求实现自己的谈判目标。( )

　　A. 投石问路策略　　　　　　B. 迂回策略
　　C. 声东击西策略　　　　　　D. 避免争论策略

3. 在谈判磋商策略中,( )是利用情感因素去影响对方的一种策略。

　　A. 投石问路策略　　　　　　B. 迂回策略
　　C. 含糊应答策略　　　　　　D. 答非所问策略

4. 在谈判中如果对方所提的问题动机不明或问题很棘手,而对方又频频催问,己方不便表示拒答,则可以采用( )的方式。

A. 局部作答　　　　　　　　B. 含糊应答
C. 拖延回答　　　　　　　　D. 答非所问

二、多项选择题

1. 商务谈判的方法主要有（　　）。
   A. 面对面谈判　　　　　　B. 电话谈判
   C. 函电谈判　　　　　　　D. 网上谈判
2. 形成良好的开局结构需要掌握的原则有（　　）。
   A. 双方发言机会均等　　　B. 语句简洁，语调轻松
   C. 双方合作充分　　　　　D. 乐于倾听对方意见
3. 在报价的原则中，报价应该（　　）。
   A. 坚定　　　B. 明确　　　C. 完整　　　D. 迅速
4. 在谈判磋商的策略中，下列属于避免争论策略的是（　　）。
   A. 冷静地倾听对方的意见　　B. 婉转地提出不同意见
   C. 谈判无法进行，应立即休会　D. 转移对方的注意力

三、是非判断题

1. 在函电谈判中，询盘的目的主要是同买主或卖主正式进行谈判。（　　）
2. 在开局策略中，坦诚法就是以与谈判正题无关又无害的话题开场，促使谈判双方情感上的接近、融洽、实现开局目标的策略方法。（　　）
3. 投石问路的策略既可以达到尊重对方的目的，使对方感觉到自己是谈判的主角和中心，又可以使自己摸清对方底细，取得主动权。（　　）
4. 在商务谈判中，主谈人不一定是签字人。所以，要确定比较合适的签字人。（　　）

四、简述题

1. 请简述商务谈判的方法。
2. 请简述谈判磋商的策略。

参考答案

一、单项选择题
1. C　2. C　3. B　4. C

二、多项选择题
1. ABCD　2. ABCD　3. ABC　4. ABC

三、是非判断题
1. ×　2. ×　3. √　4. √

四、简述题
略。

岗位职责五
组织商务公关专题活动

基础技能要点

商务赞助活动类型
新闻发布会
开放参观活动

核心技能要点

赞助会的议程
确定新闻发布会的时间
邀请新闻发布会的记者
布置新闻发布会的会场
开放参观的前期准备

工作任务一　　参加商务赞助活动

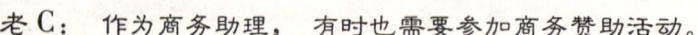

老 C：作为商务助理，有时也需要参加商务赞助活动。

小 C：商务赞助活动就是公司赞助一些单位或个人，也就是企业进行自我宣传的一种方式吧！

老 C：对，赞助活动的类型有很多，你平时注意过吗？

小 C：让我想想，哦！在北京奥运会上运动员穿的服装都是阿迪达斯的，那就是一种形式吧？

老 C：嗯，很好，留心观察生活，从中可以发现有用的东西呢！

小 C：那举行赞助活动的仪式主要是由被赞助方安排，公司主要负责人参加。

老 C：是的，但是作为赞助商也是东道主之一，需要全力做好活动的配合工作，不要持有与我无关的心态。

小 C：这个我明白，我会注意的。

老 C：记住，你是代表公司形象的，一定要注意自己的言行举止！

基础知识

一、商务赞助

赞助通常是指某一单位或某一个人拿出自己的钱财、物品来对其他单位或个人进行帮助和支持。

商务赞助是企业积极地、力所能及地参与的活动，是企业进行商务活动的一种常规的形式，而且也是自己协调本单位与政府、社会各界的公共关系的一种重要的手段。

二、赞助活动的类型

作为商务助理,需要了解赞助活动的类型,一般企业积极赞助的项目大致有以下几类:

1. 赞助体育运动

这是企业赞助活动最常见的一种形式。体育运动是一项公众影响面最大、投入感最强的活动。特别是像奥运会和世界足球锦标赛之类的大型体育比赛,涉及的公众可达数亿人。因此,许多企业商务组织争先恐后地赞助这些体育活动,以扩大自身的社会影响力。

2. 赞助文化事业

赞助文化事业如音乐会、演唱会、春节联欢晚会等,能够有效地吸引公众的注意力,提高组织的知名度。

3. 赞助科学教育事业

如设立某项培养和奖励专门人才的奖学金基金,或直接赞助某项科研项目和学科建设等,开始成为企业赞助活动的热点。

4. 赞助社会慈善和福利事业

对残疾人士的社会救济、对重大自然灾害的救灾活动、对孤寡老人的援助、对社区公益福利事业的捐赠等。例如2008年"汶川地震"时,王老吉的捐款,赢得了公众对其的好感,产品一度脱销。

5. 赞助地方性的节日活动

赞助各种具有地方色彩的节日活动,如洛阳市的牡丹花节、哈尔滨市的冰雪节、潍坊市的风筝节、安徽省的豆腐节、广东省的龙舟节、云南省西双版纳的泼水节、深圳市的荔枝节、海南省的椰子节等,通过赞助这些特色性地方节日来扩大企业的影响。

6. 赞助大型展览

各种博览会、专题性展览会、交易会等,比如,2010年在上海举行的世博会,伊利公司是唯一乳制品赞助商。可以说赞助活动大大提高了企业的影响力,能够比较有针对性地影响部分目标公众。

7. 赞助出版物

赞助有影响的出版物，如图书或杂志的出版，也是一种广告形式。

8. 赞助专业团体

通过赞助某类专业协会、学会等社团组织的活动，一方面扶持其发展，另一方面增强对该专业领域的影响。

9. 赞助特殊领域

建立基金组织，专门支持某一特殊领域，如保护文化古迹和文化遗产；或设立专业奖项，如最佳摄影奖、新闻奖、设计奖等。

10. 赞助环保事业

这是国际公关事业关注的热点，比如蒙牛就一直在朝生态环保方向赞助并取得发展，每年均投入大量资源来宣传生态环保。

实操过程

第一步　明确赞助活动的目的

企业决定是否需要赞助时，应该深入了解欲赞助活动的目的，深入了解和分析被赞助对象的实物性质和环境，找出可以作为品牌和特定事物纽带的内在关联点，以取得事半功倍的赞助收益。

【实例】

1999年7月，柯达公司与湖南省张家界市联手推出第一条环保旅游线路。柯达公司斥资200多万元，赞助名列"世界自然文化遗产"的张家界武陵源风景区，对包括路牌、景点、珍贵物种介绍等进行了改造和美化。取材全部采用自然原料，绝不以现代钢筋、水泥建造，体现了柯达品牌长期以来所倡导的环保理念。

柯达在每一个景点都设有特别推荐的摄影风景区，不但突出了武陵源的美景，更体现柯达"纪录精彩资讯、留住美好瞬间"的品牌宣言，还有效地刺激了胶卷的消费，可谓是一举三得。

柯达赞助张家界武陵源风景区的目的清楚，被赞助对象的外形与本质跟柯达所要倡导的品牌，以及出于销售策略考虑的促进点都能相辅相成，各取所需。柯达公司在善于准确把握自有品牌的实质以及独有的价值取向的前提下，对欲赞助活动的本身进行深入了解，对被赞助对象的实物性质和环境进行了深入了解和分析。

第二步　确定赞助会举行地点

企业在作出赞助决策之后，需要确定赞助会的举行地点。赞助会地点一般可以在受赞助者所在单位的会议厅，也可以租用社会上的会议厅。

> **老C提醒：**
> 举行赞助会的会议厅，灯光应当亮度适宜。在主席台的正上方，或是面对会议厅正门的墙壁上，还需悬挂一条大红横幅。在其上面，应以金色或黑色的楷书书写着"××单位赞助××项目大会"，或者"××赞助仪式"的字样。前一种写法，意在突出赞助单位；后一种写法，则主要是为了强调接受赞助的具体项目。会议厅面积的大小必须与出席者的人数成比例，并且要打扫干净，略加装饰。一般而言，赞助会的会场不宜布置得过度豪华张扬，以免产生受赞助单位不务正业、华而不实的感觉。

第三步　确定参会人员

所谓的参会人员就是参加赞助会的人员。其人数不宜太多，但是必须具有代表性。除了赞助单位、受赞助者双方的主要负责人及员工代表之外，赞助会应当重点邀请政府代表、社区代表、群众代表以及新闻媒体记者参加。

> **老C提醒：**
> 邀请新闻媒体记者时，特别要注意邀请在全国或当地影响力较大的电视、报纸、广播等媒体。需要提前提醒所有参与赞助会的人士，须身着正装，修饰仪表，并且注意个人的举止动作。赞助会的整体风格是庄严而神圣的，不要影响大局。

第四步　举行赞助会

商务助理需要了解赞助会的议程，与受赞助方配合，做好协调工作。一般一次赞助会的全部时间不应长于1个小时。因此赞助会的具体会议过程，必须既周密，又紧凑。赞助会大致分为以下六个步骤，如图5—1所示。

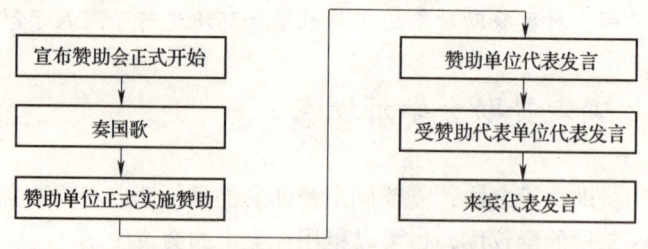

图5—1 赞助会的具体会议过程的步骤

1. 宣布赞助会正式开始

一般由受赞助单位的负责人或公关人员担任主持人。在宣布正式开会前,主持人应恭请全体与会者各就各位,保持肃静,并且邀请贵宾到主席台上就座。

2. 奏国歌

奏国歌之前,主持人应请全体与会者一致起立。在奏国歌之后,还可奏本单位标志性歌曲。有时,奏国歌、奏本单位标志性歌曲可改为唱国歌、唱本单位标志性歌曲。

3. 赞助单位正式实施赞助

(1) 赞助单位的代表出场,口头上宣布其赞助的具体方式或具体数额。
(2) 受赞助单位的代表上场,双方热情握手。
(3) 赞助单位的代表正式将标有一定金额的巨型支票图案或实物清单双手捧交给受赞助单位的代表。

> **老C提醒:**
>
> 必要时,礼仪小姐应为双方提供帮助,若赞助的物资重量、体积不大,也可由双方在此刻当面交接。在此过程之中,全体与会者应热烈鼓掌。

4. 赞助单位代表发言

其发言内容重在阐述赞助的目的与动机。与此同时,还可以对本单位的情况略作介绍。

【范本】

答 谢 辞

尊敬的各位领导、各位来宾:

我谨代表××公司、××协会向在百忙之中抽出宝贵时间莅临此次赞助会的各位××、各位××和新闻界的朋友表示衷心的感谢!

今天,我公司赞助该协会的目的就是××××××……

我公司是一家××××××……

最后,祝各位领导、各位来宾、各界朋友和同志们身体健康,万事如意!

5. 受赞助单位代表发言

此刻的发言者一般应为受赞助单位的主要负责人或主要受赞助者。其发言内容的中心应当集中在对赞助单位的感谢方面。

6. 来宾代表发言

根据惯例,可邀请政府有关部门的负责人讲话。目的主要是肯定赞助单位的义举,同时也可呼吁全社会积极倡导这种互助友爱的美德。

> **老C提醒:**
> 赞助会主要是由受赞助单位来承办,但是作为赞助单位必须做好配合工作,可以给予一定的建议。如果中间出现问题,使赞助会受到影响,也会影响到赞助单位的形象。来宾代表发言有时也可略去。在极个别的情况下,赞助会也可由赞助单位承办。由赞助单位所承办的赞助会,其会务议程与上述流程相仿。

第五步 处理会后事宜

虽然赞助会是由受赞助单位主持的,但是作为赞助单位,也是主人之一。在赞助会正式结束之后,赞助单位、受赞助单位双方的主要代表以及会议的主要来宾,通常应当合影留念。作为赞助单位,应当与受赞助单位举行短暂的会晤,然后与来宾一一告辞。

实操演练

1. 实操背景

某汽车制造公司将赞助某贫困县修建一所小学,赞助仪式由该县教委主办,需要公司代表发言,你作为商务助理,请为公司董事长拟写一份发言稿。

2. 实操步骤

根据实操过程中第四步的范本写一份发言稿。

3. 模拟时间

1个课时。

4. 参与人数及方式

3～5人组成一个小组，共同设计完成，也可以个人单独完成。

5. 效果要求

学员熟练掌握拟写发言稿的方法和技巧。

工作任务二　举行新闻发布会

小C：好像公司马上要举行一次新产品发布会吧？

老C：是啊，一个月以后要在××酒店召开这次新产品发布会的。

小C：哇，××酒店是一家五星级的酒店呢，公司这次是要大做宣传攻势吧？

老C：公司不仅要抓产品的生产，还必须做好宣传工作，没有知名度的企业现在是很难立足的。

小C：可不可以让我也参加新产品发布会呢，我想增加一些实践经验。

老C：可以，我到时候让你当我的助手，不过你现在需要学习一些基本的理论知识，打好基础。

小C：好的，我周末到图书馆去看看相关方面的书。

老C：很好，一定要保持这种学习热情。

基础知识

新闻发布会，又称记者招待会，是一个社会组织直接向新闻界发布有关组织信息，解释组织重大事件而举办的活动。

企业的新闻发布会是媒介公关经理应用频率比较高的一种方式，无论是公司成立新部门、发布新战略，还是公司推出新产品、签约新项目、开通新产品线等重大事件或者其他类型的信息发布，都必须有一个正式或非正式的途径通知新闻媒体，发布会便成了一个常见的甚至必不可少的手段。

实操过程

第一步 选择发布会标题

一般对于企业意义重大而媒体又感兴趣的事件就可以举办新闻发布会。每个新闻发布会都会有一个名字，印在关于新闻发布会的一切表现形式上，包括请柬、会议资料、会场布置、纪念品等。

在新闻发布会的标题选择时，有以下三点需要注意：

（1）避免使用新闻发布会的字样。因为我国对新闻发布会是有严格申报、审批程序的，对企业而言，没有必要如此烦琐，所以可以直接把发布会的名字定为"××信息发布会"或"××媒体沟通会"。

（2）最好在发布会的标题中说明发布会的主旨内容。如："××企业2011年新品信息发布会"。

（3）通常情况下，需要打出会议举办的时间、地点和主办单位。这个可以在发布会主标题下以字体稍小的方式出现。

第二步 选择发布会时间

新闻何时播出或刊出的时间通常由新闻发布的时间决定，这需要选择一个最佳的时间来举行新闻发布会，可从以下三点予以考虑：

（1）避免节假日。多数平面媒体刊出新闻的时间是在获得信息的第二天，发布会的时间尽可能安排在周一、周二、周三的下午为宜，会议时间保证在1小时左右，这样可以相对保证发布会的现场效果和见报效果。

（2）避免在上午较早或晚上。部分主办者出于礼貌的考虑，有的希望可以与记者在发布会后共进午餐或晚餐，这并不可取。如果不是历时较长的邀请记者进行体验式的新闻发布会，一般不需要做类似的安排。有一些以晚宴酒会形式举行的重大事件发布，也会邀请记者出席。但应把新闻发布的内容安排在最初的阶段，至少保证记者的采访工作可以较早结束，确保媒体次日发稿。

（3）避开重大的政治或社会活动。在时间选择上还要避开重要的政治事件和社会事件，媒体对这些事件的大篇幅报道，会冲淡企业新闻发布会的传播效果。

第三步　确定发布会地点

场地可以选择户外（事件发生的现场，便于摄影记者拍照），也可以选择室内。根据发布会规模的大小，室内发布会可以直接安排在企业的办公场所或者选择酒店。酒店有不同的星级，从企业形象的角度来说，重要的发布会宜选择四星级以上酒店。在确定新闻发布会的场所时，必须考虑以下问题：

(1) 会议厅的容纳人数。

(2) 酒店外围布置，如酒店外横幅、竖幅、飘空气球、拱形门等。酒店是否允许布置、当地市容主管部门是否有规定限制等，都是需要考虑的。

(3) 酒店的风格要与发布会的内容相统一，离主要媒体、重要领导的远近，交通是否便利，泊车是否方便，也是需要斟酌的。

第四步　布置会场

新闻发布会的会场布置是有一定要求的，主要包括席位的摆放、其他道具的安排以及现场背景布置和外围布置。

1. 席位摆放

(1) 主席台加课桌式。主席台加下面的课桌式摆放。现在很多会议采用主席台只有主持人位和发言席，贵宾坐于下面的第一排的方式。应注意确定主席台人员。需摆放席卡，以方便记者记录发言人姓名。

(2) "回"字形会议桌。摆放"回"字形会议桌的发布会现在也比较多，发言人坐在中间，两侧及对面摆放新闻记者坐席，便于沟通。同时也有利于摄影记者拍照。

2. 发布会其他道具安排

传声器和音响设备是最主要的道具。如需要做计算机展示，还要准备投影仪、笔记本电脑、连线、上网连接设备、投影幕布等，相关设备在发布会前要反复调试，保证不出故障。

3. 现场的背景布置和外围布置

(1) 背景布置。主题背景板，内容含主题、会议日期，有的会写上召开城市，颜色、字体注意美观大方，颜色可以企业 VI 为基准。如在酒店举办，可与酒店协商，请酒店代为安排。

（2）外围布置。一般在大堂、电梯口、转弯处有导引指示欢迎牌，酒店通常会提供这项服务。事先可请好礼仪小姐迎宾。

如果是在企业内部安排发布会，也要酌情安排人员做记者引导工作。在发布会门口需安排签到台和签到簿。一般会议会要求与会者留下名片，所以还需准备好"请赐名片"盒。

第五步　准备资料

提供给媒体的资料，一般以广告手提袋或文件袋的形式，整理妥当，按顺序摆放，在新闻发布会前发放给新闻媒体，顺序依次应为：
（1）会议议程。
（2）新闻通稿。
（3）演讲发言稿。
（4）发言人的背景资料介绍（应包括职务、主要经历、取得成就等）。
（5）公司宣传册。
（6）产品说明资料（如果是关于新产品的新闻发布的话）。
（7）有关图片。
（8）纪念品（或纪念品领用券）。
（9）企业新闻负责人名片（便于新闻发布后进一步采访、新闻发表后继续联络）。
（10）空白信笺、笔（方便记者记录）。

第六步　确定发言人和主持人

新闻发布会是公司要员同媒体打交道的一次很好的机会，值得珍惜。代表公司形象的新闻发言人和主持人表现如何对公众认知会产生重大影响。

1. 确定主持人

新闻发布会主持人的选择主要从下面几方面考虑：
（1）大都由主办单位的公关部部长、办公室主任或秘书长担任。
（2）应仪表堂堂，反应灵敏，语言流畅。
（3）善于把握大局、长于引导提问、对主持会议具有丰富经验。

2. 确定发言人

新闻发布会的发言人通常由公司领导担任。因为领导对公司的方针、政策及各方面情况比较了解，由他们回答记者提问更具有权威性。

老 C 提醒：

发言人需要做好回答记者提问的准备：

（1）由有准备、亲和力强的领导接受媒体专访，可使发布会所发布的新闻素材得到进一步的升华。

（2）在答记者问时，一般由一位主答人负责回答，必要时，如涉及专业性强的问题，由他人辅助。

（3）发布会前要准备记者问答备忘提纲，并在事先取得一致意见，尤其是主答和辅助答问者要取得共识。

（4）在发布会的过程中，对于记者的提问应该认真作答，对于无关或过长的提问则可以委婉、礼貌地制止。

（5）对于涉及企业秘密的问题，有的可以直接、礼貌地告诉他是企业机密，一般来说，记者也可以理解，有的则可以委婉作答。不宜采取"无可奉告"的方式。

（6）对于复杂而需要大量解释的问题，可以先简单答出要点，邀请其会后探讨。

第七步　邀请记者

一般企业应该邀请与自己联系比较紧密的商业领域记者参加，必要时如事件现场气氛热烈，应邀请平面媒体记者与摄影记者一起前往。

在邀请记者时，需要注意以下几点：

（1）邀请的时间一般以提前 3~5 天通知为宜，发布会前一天可做适当的提醒。联系比较多的媒体记者可以采取直接电话邀请的方式。相对不是很熟悉的媒体或发布内容比较严肃、庄重时可以采取书面邀请函的方式。

（2）在邀请记者的过程中必须注意，一定需要邀请新闻记者，而不能邀请媒体的广告业务部门人员。有时，媒体广告人员希望借助发布会的时机进行业务联系，并作出也可帮助发稿的承诺，此时也必须进行回绝。

（3）在新闻发布会之前，重大的新闻内容绝对不可以透露出去，如果已经透露，其他的记者看到，别的报纸已经报道出来，就没有新闻价值了，甚至不想再发布，这无疑是一个重大的损失。

实操演练

1. 实操背景

某太阳能热水器公司将于 6 月底举行一次新品发布会，作为商务助理，需要准备好提供给媒体的资料。

2. 实操步骤

(1) 选择存放资料的形式。
(2) 将资料按顺序摆放。
(3) 新闻发布会前发放给新闻媒体记者。

3. 模拟时间

1 个课时。

4. 参与人数及方式

3~5 人组成一个小组，共同完成资料准备以及资料的发放。

5. 效果要求

学员熟练掌握需要准备的资料和发放的顺序。

工作任务三　开放参观活动

老 C：又要到公司的开放周了。

小 C：是吗？需要做好准备工作啊！

老 C：每年的开放周是定时举行的，到时候会有社会各界人士来参观的。

小 C：公司每年都专门拿出一周时间举办开放周，有什么特别的意义吗？

老 C：这个你就不懂了吧，开放周也是企业进行宣传的一种方式。

小C：哦，难怪我在网上看到好多关于企业邀请参观的宣传。

老C：是啊，它可以增加与外界的沟通，还可以集思广益，收集好多建议，对企业发展是有很多益处的。

基础知识

开放参观活动就是企业的一种特殊的"组织公开展览活动"，是增强企业与公众之间联系和了解的手段之一。

一、开放参观的类型

开放参观根据不同的分类标准，有不同的类型，具体内容见表5—1。

表5—1　　　　　　　　参观类型

类别	定义	实例
专题性参观	专题性参观是有特定的目的、围绕一个专门确定的主题而进行的参观	如新生产线的开辟
常规性参观	常规性参观一般没有特定的主题，是组织常规工作的一项内容	如每逢工厂周年纪念日、传统节日或每月一次的定期开放参观等
特殊参观	对特定公众对象开放的参观	如上级部门领导人的视察参观、组织学生参观等
一般参观	对公众对象不加限制的参观	如产品推广会

二、开放参观活动的意义

日本松下电器公司的创始人松下幸之助曾说："让人参观工厂是推销产品的最好最快的方法之一。"具体体现在：

（1）有助于增加本组织的透明度和提高认知度，以争取公众的理解和支持；

（2）有助于消除人们对本组织的某些不解和疑虑，改善企业与周围其他机构的关系。

【实例】

某地一家熟食品店，过去在加工厂门口曾挂着一块牌子："制作现场，谢绝参观。"购买熟食品的人想从门缝中看看加工过程，也被工作人员劝走。店里生意一直比较清淡，后来，该店接受一位公关专家的建议，将加工厂门口的那块牌子改写成"加工熟食，欢迎参观"。购买熟食的顾客可以进去参观加工场地，不仅能看到烧鸡、板鸭等熟食的制作的全过程，还可获得商店赠给的一张优惠购物券。许多人参观后兴致勃勃地选购了熟食。于是该店生意由淡转旺，销售量日渐上升。

实操过程

第一步 前期准备

1. 明确主题

在举行开放参观活动之前，需要确定一个明确的主题，是围绕生产设备和工艺流程，还是厂区环境、企业娱乐、福利、卫生等设施，以便确定活动内容。

2. 选择开放时机

举办开放参观活动最好配合一些特殊的日子，如周年纪念日、开业庆典、社区节日等。

3. 明确邀请对象

举行开放参观活动前一周应发出请柬，编制来宾名册，落实出席的重要嘉宾名单。

4. 安排参观线路

要提前划分好参观线路，制作向导图及标志，避免参观者因超越限定的范围而出现事故或麻烦，并注意必要的保密和安全工作。

5. 确定参观内容

对外开放参观的内容，要根据主题要求，力求实事求是，可以分为现场观摩、介绍、实物展览等。

介绍和实物展览可采取放电影、录像或幻灯等形式介绍，以帮助参观者了解主要概况；现场观摩则以目击为主，并作必要的介绍和解释，应准备一份简单的说明书，发给参观者。

第二步 带领参观

在参观者到来后，商务助理要向参观者分发说明书等，条件允许的可放映介绍企业情况的幻灯片、录像或电影,帮助参观者了解企业的概况。然后陪同参观者沿预定路线参观,并作必要的介绍、解说、回答提问。

> **老C提醒:**
>
> 如参观人数比较多,可以分成若干小组,也可让参观者自行参观,只在主要的场所让讲解员讲解。商务助理应在参观活动中安排合适的休息场所和茶水饮食,适当安排一些文娱、体育活动,使参观活动生动活泼,减轻参观者的疲劳。

第三步　会后事宜

参观结束后,可由企业负责人与参观者座谈,介绍企业的方针、政策,并准备留言簿,方便参观者提出宝贵意见,以便改进工作。为了加深印象、增进友谊,有条件的还可分发纪念品。

实操演练

1. 实操背景

某家电公司将在工厂10周年纪念日邀请退休的老员工参观工厂,作为商务助理,需要做前期准备工作。

2. 实操步骤

(1) 明确邀请对象,在一周前发出请柬,编制来宾名册,落实出席的重要嘉宾名单。
(2) 安排参观线路,制作向导图及标志。
(3) 确定参观内容,可以分为现场观摩、介绍、实物展览等。

3. 模拟时间

1个课时。

4. 参与人数及方式

3~5人组成一个小组,分工合作共同完成前期准备事宜。

5. 效果要求

学员熟练掌握开放式参观的前期准备工作。

练 习 题

一、单项选择题

1. 在赞助活动的类型中,（　　）能够有效地吸引公众的注意力,提高组织知名度。

　　A. 赞助体育活动　　　　　　B. 赞助文化事业
　　C. 赞助地方性的节日活动　　D. 赞助大型展览

2. 在赞助活动的类型中,（　　）是国际公关事业关注的热点。

　　A. 赞助体育运动　　　　　　B. 赞助社会慈善和福利事业
　　C. 赞助特殊领域　　　　　　D. 赞助环保事业

3. 每逢工厂周年纪念日、传统节日或每月一次的定期开放参观等属于（　　）。

　　A. 主题参观　　　　　　　　B. 常规性参观
　　C. 特殊性参观　　　　　　　D. 一般性参观

4. 一般一次性赞助会全部的时间,不应长于（　　）。

　　A. 1 小时　　　　　　　　　B. 1.5 小时
　　C. 2 小时　　　　　　　　　D. 3 小时

二、多项选择题

1. 开放参观的类型有（　　）。

　　A. 专题性参观　　　　　　　B. 常规性参观
　　C. 特殊性参观　　　　　　　D. 一般性参观

2. 下列属于赞助文化事业的是（　　）。

　　A. 音乐会　　　　　　　　　B. 演唱会
　　C. 春节联欢会　　　　　　　D. 具有地方色彩的节日活动

3. 每个新闻发布会都有一个名字,会出现在关于新闻发布会的一切表现形式上,其形式有（　　）等。

　　A. 请柬　　　　　　　　　　B. 会议资料
　　C. 会场布置　　　　　　　　D. 纪念品

4. 赞助会除了赞助单位、受赞助者双方的主要负责人及员工代表外,还应重点邀请（　　）参加。

　　A. 政府代表　　　　　　　　B. 社区代表
　　C. 群众代表　　　　　　　　D. 新闻媒体记者

三、是非判断题

1. 虽然赞助会是由受赞助单位主持的，但是作为赞助单位也是主人之一。
（　　）

2. 赞助会主要是由受赞助单位来举办，但是作为赞助单位必须做好配合工作，可以予以一定的建议，成功地举办赞助会。（　　）

3. 在新闻发布会的标题选择时，可以直接使用"新闻发布会"的字样。
（　　）

4. 在邀请新闻记者时，一定要邀请新闻记者，而不能邀请媒体的广告业务部门人员。（　　）

四、简述题

1. 请简述商务赞助活动的类型。
2. 请简述开放参观的类型。

参考答案

一、单项选择题

1. B　2. D　3. B　4. A

二、多项选择题

1. ABCD　2. ABC　3. ABCD　4. ABCD

三、是非判断题

1. √　2. √　3. ×　4. √

四、简述题

略。

岗位职责六
组织商务典礼与仪式

基础技能要点

庆典活动的类型
参加庆典的注意事项
签字仪式位次排列
剪彩仪式用具

核心技能要点

庆典邀请函
拟订典礼程序
布置签字厅
剪彩仪式的程序

工作任务一　组织筹备庆典

小C：下周我将代表公司去参加××公司的"千日无生产事故"庆典仪式。

老C：是吗？以前参加过吗？

小C：我上个月不是和你一起去参加过另一个公司成立五周年庆典吗？

老C：哦，对啊！参加过了我就不担心会出什么差错了。

小C：可这次是我一个人去啊，还是有些担心。

老C：没事儿，只要你举止大方得体，注意礼貌就可以了。

小C：那是不是还需要准备贺礼呢？

老C：这个会有人帮你准备好的，到时候你带上就行了。

小C：嗯，我知道了。谢谢。

老C：这有啥好谢的呢，这么客气。

基础知识

庆典，是各种庆祝礼仪式的统称。在商务活动中，商务助理参加庆祝仪式的机会是很多的，既有可能奉命为本企业组织庆祝仪式，也有可能应邀去出席外单位的庆祝仪式。

一、庆典活动的类别

在商界所举行的庆祝仪式都有一个特色，那就是务实而不务虚。从内容上来划分，商界庆典大致可以分为四类，见表6—1。

二、参加典礼的基本礼仪

参加庆典活动时，有一些基本的礼仪需要注意，具体内容见表6—2。

表6—1　　　　　　　　　　　庆典活动

类别	说明
成立周年庆典	通常，都是逢五、逢十进行的。即在本单位成立5周年、10周年等时进行
荣获某项荣誉的庆典	当单位本身荣获了某项荣誉称号、单位的"拳头产品"在国内外重大展评中获奖之后
取得重大业绩的庆典	例如千日无生产事故、生产某种产品的数量突破10万台、经销某种商品的销售额达到1亿元等
取得显著发展的庆典	当本单位建立集团、确定新的合作伙伴、兼并其他单位、分公司或连锁店不断发展时

表6—2　　　　　　　　　　　基本礼仪

类别	具体内容
仪容整洁	无论是主办方还是宾客，都应作适当修饰，女士宜化淡妆，男士应梳理好头发，刮净胡须
服饰规范	男士应穿深色西装或中山装，女士应穿深色西装套裙或套装
遵守时间	作为主办方，其开业典礼应准时开始、准时结束，作为宾客应准时参加。如有特殊情况不能到场，应尽早通知主办方，说明理由并表达歉意
态度友好	主办方见到来宾要主动、热情地问好，对来宾提出的问题应予以友善的答复。当来宾发表贺词后，应主动鼓掌表示感谢，不能起哄、鼓倒掌，更不能随意打断来宾的讲话
行为自律	主办方人员不得嬉笑打闹，不得做与典礼无关的事，不要东张西望，表现出心不在焉的样子
精选贺礼	宾客参加开业典礼最好向主办方送贺礼。贺礼可以选择花篮、镜匾、楹联等，以表示对开业方的祝贺，并在贺礼上写明庆贺对象、庆贺缘由、贺词及祝贺单位
广交朋友	宾客到场后应礼貌地与周围的人打招呼，可通过自我介绍、他人介绍等方式结识更多的朋友
积极支持	如鼓掌、合影、跟随参观、写留言等
礼貌告辞	典礼结束后应和主办人握手告别，并致谢意

实操过程

组织筹备一次庆典，如同进行生产和销售一样，先要对它作出一个总体的计划。庆典所具有的热烈、欢快、隆重的特色，应当在其具体内容的安排上，得到全面的体现。

> **老 C 提醒：**
> 在组织筹备庆典时，有以下两点需要注意：
> （1）要体现出庆典的特色。
> （2）要安排好庆典的具体内容。庆典是一种庆祝活动的形式，所以，应以庆祝为中心，每一项具体活动都尽可能组织得热烈、欢快而隆重。不论是举行庆典的具体场合、庆典进行过程中的某个具体场面，还是全体出席者的情绪、表现，都要体现出红火、热闹、欢愉、喜悦的气氛。这样才能更好地最终实现庆典的宗旨，塑造本单位的形象，显示本单位的实力，扩大本单位的影响。

第一步 拟订宾客名单

为把典礼办得隆重、热烈、欢快，根据本单位的经济能力和场地条件，精心确定来宾的名单。一般邀请的宾客包括地方领导、上级主管部门与地方职能管理部门的领导、合作单位与同行单位的领导、社会名流、媒介公众等。

> **老 C 提醒：**
> 邀请宾客的请柬应在典礼前一星期发出，并进行电话落实。对于特别重要的宾客，要派专人正式邀请。

【范本】

请　柬

×××女士/先生：

　　兹定于 7 月 18 日上午 9：00—12：00 在×××举行成立 10 周年庆典，届时敬请光临。

××公司
××××年 7 月 10 日

第二步 拟订典礼程序

一般的典礼程序如图6—1所示。

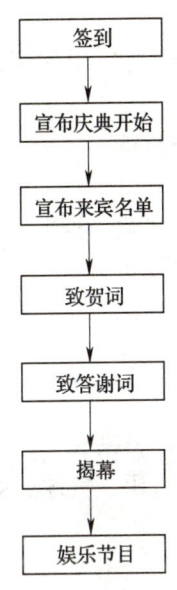

图6—1 典礼程序图

第三步 确定关键人员

一同揭幕的人士除主办方负责人外，还有上级领导或社会名流等。在首要宾客中确定致贺词的来宾，并为本企业的负责人拟写答谢词。

【范本】

答 谢 词

各位领导，各位来宾，各位女士、先生们，朋友们：

××公司在各有关方面和在座各位的大力关心支持下，今天正式开业并举行庆典仪式。值此，我谨代表××公司全体员工，对各位领导，各位来宾表示热烈的欢迎！对关心和支持××公司发展的各位领导，各位朋友表示最诚挚的感谢！

××公司能有今天的发展，是全体员工辛勤工作的结果，更是各位领导、各界朋友关心支持、大力帮助的结果。今后，我们将不辜负大家的厚望，进一步强化内部管理，不断改善环境，努力提高产品质量，竭诚为广大客户提供高质量的优质产品。由衷希望新老朋友一如既往地关心、支持××公司。

最后，让我再次对各位的光临表示衷心的感谢！祝各位来宾身体健康，万事如意，事业兴旺！

第四步　安排接待工作

商务助理在前期需要做好接待工作，以保证典礼圆满成功。在安排中最重要的是明确分工：
（1）首要宾客由组织领导负责接待。
（2）普通来宾由礼仪人员接待。
（3）派专人负责签到、题词、音响、摄影、录像、保卫等有关工作。
（4）所有人员密切配合，各尽其责。

第五步　布置场地

典礼的现场，一般设在企业门口，来宾一律站立。现场布置以喜庆、热烈为主调，在场地四周悬挂横幅、公关广告语、气球、彩带，并在会场两边摆放来宾赠送的花篮、牌匾、纪念物品。

第六步　馈赠礼品

赠与来宾的礼品，应该具有宣传性和独特性。即礼品可选用本单位的产品，也可在礼品及外包装印上本单位的企业标志、公关广告语、开业日期等，而且应具有纪念价值，精巧别致，力求使人爱不释手，难以忘怀。

第七步　安排娱乐节目

在庆典中，可以安排适当的娱乐节目，以彰显庆典的气氛。所安排的娱乐节目主要有以下几种：
（1）在庆典过程中安排舞狮耍龙或乐队伴奏。
（2）在揭幕完毕后，可安排歌舞表演、燃放鞭炮礼花。
（3）组织来宾参观本组织的设施、陈列。

实操演练

1. 实操背景

某物业公司将于7月15日举行成立10周年庆典仪式，作为商务助理，需要为董事长写一份答谢词。

2. 实操步骤

根据实操过程中第三步范本写一份答谢词。

3. 模拟时间

1个课时。

4. 参与人数及方式

3~5人组成一个小组，既可共同完成，也可个人单独完成。

5. 效果要求

学员熟练掌握答谢词的撰写。

工作任务二　组织签字仪式

老C：参加过签字仪式吗？

小C：还没有！什么是签字仪式呢？

老C：通常是指订立合同、协议、条约的各方在合同、协议、条约正式签署时所举行的正规签署仪式。

小C：只是在电视中看到过一些领导的签字仪式。

老C：其实都是一样的，只是你看过的是官方的，一般公司也是需要签订合同的，主要是由公司高层领导签字。

小C：我们只需要做一些准备工作就好了吧？

老C：是啊，比如说布置签字厅、安排礼仪人员等。

小C：那签字厅都是设在公司里吗？

老C：这个就不一定了，有可能还会到酒店举行签字仪式，显得更为隆重。

小C：以后我应该也有机会组织签字仪式的！

老C：嗯，你组织过了就明白具体怎么操作的了。

基础知识

签字仪式，简称签字，通常是指订立合同、协议、条约的各方在合同、协议、条约正式签署时所举行的正规签署仪式。

签字仪式具有十分重要的意义，具体包括以下几点：

（1）举行签字仪式，是对谈判成果的一种公开化、固定化、系统化、文字化。
（2）有关各方对自己履行合同、协议、条约所作出的一种正式承诺。
（3）标志着有关事项取得了重大进展。
（4）消除了彼此之间的误会或抵触而达成了一致性见解的重大成果。

实操过程

第一步　布置签字厅

签字厅既有常设专用的，也有用会议厅、会客室来临时代替的。但不管怎样，为了体现出签字仪式对于协议双方的重要性，在布置会场时都要注意把握这样一个总体原则，即要表现出庄重、整洁、清静的氛围。

1. 地毯

一间标准的签字厅，首先不可忽视的就是地毯的运用，柔软的地毯可以减轻脚步声，从而有助于缓解与会代表们内心的紧张情绪，地毯应该铺满整个房间。

2. 签字桌

正规的签字桌应为长桌，可供签字各方同时使用，以体现协约各方的平等地位，其上最好铺设深绿色的台呢，显得庄重、大方。

按照签字礼仪的规范，签字桌应当横放于室内。在其后，可摆放适量的座椅。

> **老C提醒：**
>
> 签字厅里桌椅的摆放以及签字桌上物品的摆放是有一定要求的，具体有以下几点：
> （1）签署双边性合同时，可放置两把座椅，供签字人就座。
> （2）签署多边性合同时，可以仅放一把座椅，供各方签字人签字时轮流就座，也可以为每位签字人各提供一把座椅。
> （3）签字人就座时，一般应当面对正门。

> （4）在签字桌上，事先安放好待签的合同、协议或者条约文本以及签字笔、吸墨器等签字时所必需的文具。
>
> （5）签字笔进行事前的检查试用，千万不能出现临时流水不畅的尴尬局面。一般选用的是黑色签字笔。
>
> （6）如果是与外方人士签署合同、协议或者条约时，还应注意在签字桌上插放有关各方的国旗。
>
> （7）插放国旗时，在其位置与顺序上，必须按照礼宾序列而行。例如，签署双边性涉外合同、协议或者条约时，有关各方的国旗须插放在该方签字人座椅的正前方。
>
> （8）签字厅内除了必要的签字使用的桌椅外，其他一切陈设都不需要。

第二步　签字厅座次排列

签字仪式时座次的排列方式，能直接体现出签字各方的礼遇问题，不可有怠慢之嫌，应突出签约各方的平等地位。

签字时各方代表的座次，是由主方代为先期排定的。一般而言，举行签字仪式时，座次排列共有三种基本形式，分别适用于不同的具体情况。

1. 并列式

并列式排座，是举行双边签字仪式时最常见的形式。它的基本做法是：签字桌在室内居中面门横放。双方出席仪式的全体人员在签字桌后并排排列，双方签字人员居中面门而坐，客方居右，主方居左，如图6—2所示。

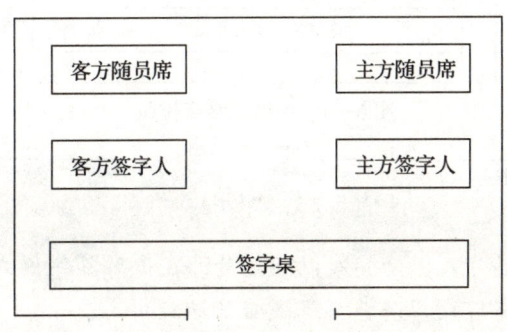

图6—2　并列式签字排位

2. 相对式

相对式签字仪式的排座,与并列式签字仪式的排座基本相同。两者之间的主要差别,只是相对式排座将双方的随员席移至签字人的对面。即签字桌在室内居中面门横放。双方签字人员居内面门而坐,客方居右,主方居左。双方出席仪式的全体人员则在签字桌前并排排列,如图6—3所示。

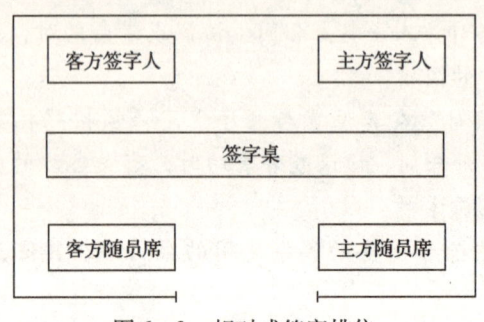

图6—3 相对式签字排位

3. 主席式

主席式排座,主要适用于多边签字仪式。其操作特点是:签字桌仍须在室内横放,签字席仍须设在桌后面对正门的位置,但只设一个,并且不固定其就座者。举行仪式时,所有各方人员,包括签字人在内,皆应背对正门、面向签字席就座。签字时,各方签字人应以规定的先后顺序依次走上签字席就座签字,然后即应退回原处就座,如图6—4所示。

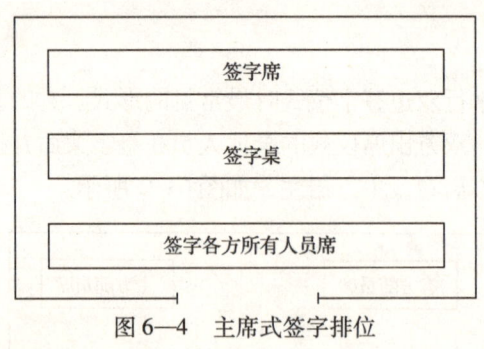

图6—4 主席式签字排位

> **老C提醒:**
> 按照规定,签字人、助签人以及随员,在出席签字仪式时,一定要简约、庄重,千万不可"摩登前卫"或者是标新立异。
> (1)穿着具有礼服性质的深色西装套装、中山装套装或西装套裙,并

且配以白色衬衫与深色皮鞋，男士还必须系上单色领带，以示正规。

（2）在签字仪式上露面的礼仪人员、接待人员，可以穿自己的工作制服，或是旗袍一类的礼仪性服装。

（3）在参加签字仪式之前，应当认真修饰个人仪表，尤其要选择合适的发型。

（4）女性避免佩戴过多的首饰，应以淡妆表现出落落大方的气质。

第三步　准备待签文本

依照接待礼仪的规则，在正式签署文件之前，应当由举行签字仪式的主办方负责准备待签合同、协议或者条约的正式文本。

签署有关涉外文件时，按照国际惯例，待签的文本还应该同时使用有关各方法定的官方语言，或者使用国际上通行的英文、法文。此外，也可同时并用有关各方法定的官方语言与英文或法文。

老C提醒：

使用外文撰写文件时，应反复推敲，字斟句酌，不要望文生义或不解其意而乱用词汇，以免出现不同语言文本表述的差异，或是某一语言文本内容的缺失或增加。待签的合同、协议或者条约的正式文本，应该以精美的白纸印制而成，按大八开的规格装订成册，并以高档质料，比如真皮、金属、软木等，来作为其封面。

第四步　宣布开始

签字仪式的第一步是宣布签字仪式正式开始。此时，有关各方人员应先后步入签字厅，在各自既定的位置上正式就位。

第五步　签署文件

签字人正式签署合同、协议或条约的文本。通常的做法，是首先签署应由己方所保存的文本，然后再签署应由他方所保存的文本。依照礼仪规范，每一位签字人在己方所保留的文本上签字时，按惯例应当名列首位。因此，每一位签字人均须首先签署将由己方所保存的文本，然后再交由他方签字人签署。

第六步　交换文本

签字人正式交换已经由有关各方正式签署的合同、协议或条约文本。此时，各方签字人应该起立并诚挚地握手，互相祝贺，并相互交换方才用过的签字笔，以示纪念。全场人员应热烈鼓掌，以表示祝贺之意。

第七步　饮酒庆贺

签字仪式的最后一步是饮酒互相道贺。

> **老C提醒：**
> 所饮用的酒水应为香槟酒，由主办方开启香槟，有关各方人员一般应在交换文本后当场饮上一杯香槟酒，并与其他方面的人士一一干杯。这是国际上所通行的增加签字仪式喜庆色彩的一种常规性做法。

■ 实操演练

1. 实操背景

某出版公司将要与一家印刷公司签订合同，作为出版社商务助理，需要布置好签字厅。

2. 实操步骤

（1）确定签字厅地点。
（2）选择合适的地毯和签字桌。

3. 模拟时间

1个课时。

4. 参与人数及方式

3~5人组成一个小组，共同商讨完成签字厅的布置。

5. 效果要求

学员熟练掌握签字厅的布置程序及注意事项。

工作任务三　组织剪彩仪式

小C：有的商家举行剪彩仪式，这种仪式对公司有什么作用吗？
老C：剪彩仪式只是个庆祝活动，最终的目的是树立良好的形象，引起社会各界的关注。
小C：哦，也是啊，假如路边有商家在举行剪彩仪式，我也会凑过去看看的。
老C：这就是其目的啊，不就吸引了你的注意力吗？
小C：嗯，看过之后的确是对那个商家的产品什么的有一定的印象呢！
老C：剪彩仪式需要做好多前期准备工作的。别看台上就那么一会儿。
小C：比如说呢？
老C：比如准备剪彩所需的用具，选择礼仪小姐等。
小C：我明白一些了，下次再碰到我要仔细观察。
老C：生活中到处都可以学习，你多多看，还可以学到一些经验呢！

基础知识

为了庆贺成立、开业，大型建筑物落成，道路、桥梁首次通车，大型展销会、博览会开幕等活动，往往会安排剪彩仪式。剪彩仪式只是个庆祝活动，最终目的是树立良好的形象，引起社会各界的关注。

实操过程

第一步　准备工作

1. 一般性准备

如同开业典礼的准备工作一样，剪彩典礼也需要做好舆论宣传、发送请柬、场地布置、灯光与音响的准备等工作。

2. 用具准备

在剪彩仪式中，需要使用一些用具，具体内容见表6—3。

表6—3　　　　　　　　　　　剪彩用具

类别	作用	注意事项
彩带	剪彩所用的物品	应是一整匹未使用过的，在中间扎上几朵大而醒目的花球的红色绸缎。随着节约意识的不断增强，很多彩带已经开始使用长约2米的红缎带、布条或纸制品作为变通
新剪刀	供剪彩者剪彩时专用	必须是崭新、锋利的，剪彩者要人手一把，而且必须崭新、锋利而顺手，事先一定要逐把检查一下将被用以剪彩的剪刀是否已经开刃，好不好用。务必要确保剪彩者在正式剪彩时，可以"手起刀落"，一举成功，而切勿一再补刀。在剪彩仪式结束后，主办方可将每位剪彩者所使用的剪刀经过包装之后，送给对方以示纪念
托盘	盛放剪刀、手套	最好是崭新、洁净的。为了显示正规，通常首选银白色的不锈钢制品，使用时，可以铺上红色绒布或绸布
红色地毯	铺设在剪彩者正式剪彩时的站立之处	长度可视剪彩者人数的多少而定，宽度则不应在1米以下。当然，很多时候也可不铺设地毯
白色薄纱手套	供剪彩者剪彩时戴，以示郑重	一般情况下，无此必要

第二步　选定剪彩人员

剪彩的人员必须审慎选定，并于事先进行必要的培训。

除主持人之外，剪彩的人员主要是由剪彩者与助剪者构成。在剪彩仪式上担任剪彩者，是一种很高的荣誉。剪彩仪式档次的高低，往往同剪彩者的身份密切相关。

1. 剪彩者

剪彩者，即在剪彩仪式上持剪刀剪彩带之人。根据惯例，剪彩者可以是一个人，也可以是几个人。通常，剪彩者多由上级领导、合作伙伴、社会名流、员工代表或客户代表所担任。

按照常规，剪彩者应着套装、套裙或制服，将头发梳理整齐。不允许戴帽子或者戴墨镜，也不允许其穿着便装。

> **老C提醒：**
>
> 若剪彩者仅为1人，则其剪彩时居中而立即可。若剪彩者不止1人，则同时上场剪彩时位次的尊卑就必须予以重视。一般的规矩是：中间高于两侧，右侧高于左侧，距离中间站立者越远位次便越低，即主剪者应居于中央的位置。需要说明的是，之所以规定剪彩者的位次"右侧高于左侧"，主要是因为这是一项国际惯例，剪彩仪式理当遵守。其实，若剪彩仪式并无外宾参加时，执行我国"左侧高于右侧"的传统做法，也无不可。

2. 助剪者

助剪者，指的是剪彩者剪彩过程中从旁为其提供帮助的人员。一般而言，助剪者多由东道主一方的女职员担任。现在，人们对她们的常规称呼是礼仪小姐。

（1）礼仪小姐的分类。具体而言，在剪彩仪式上服务的礼仪小姐，又可以分为迎宾者、引导者、服务者、托盘者。其具体任务见表6—4。

表6—4　　　　　　　　　礼仪小姐分类

类别	任务
迎宾者	在活动现场负责迎来送往
引导者	在进行剪彩时负责带领剪彩者登台或退场
服务者	为来宾尤其是剪彩者提供饮料，安排休息之处
托盘者	为剪彩者提供剪刀、手套等剪彩用品（现在流行钛金花架，可省去托盘者）

（2）礼仪小姐的要求。礼仪小姐的基本条件是：相貌较好、身材颀长、年轻健康、气质高雅、音色甜美、反应敏捷、机智灵活、善于交际。

礼仪小姐的最佳装束应为：化淡妆、盘起头发，穿款式、面料、色彩统一的单色旗袍，配肉色连裤丝袜、黑色高跟皮鞋。除戒指、耳环或耳钉外，不佩戴其他任何首饰。

> **老C提醒：**
>
> 有时，礼仪小姐身穿深色或单色的套裙也可。但是，她们的穿着打扮必须尽可能地整齐划一。必要时，可临时向外单位聘请礼仪小姐。

第三步　确定剪彩程序

一般来说，剪彩仪式宜紧凑，忌拖沓，在所耗时间上越短越好。短则一刻钟即可，长则不宜超过1小时。所以，要先制定好剪彩程序。具体剪彩程序如图6—5所示。

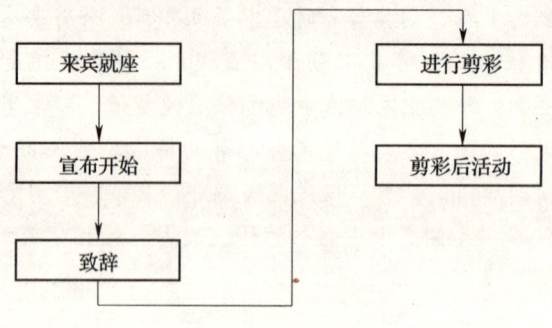

图6—5 剪彩程序

1. 来宾就座

（1）剪彩者应就座于前排。
（2）主剪者居于中间，距主剪者越远，位次越低。
（3）右侧位次高于左侧。

2. 宣布开始

（1）主持人宣布剪彩仪式开始。
（2）全场起立，奏乐（国歌或其他乐曲）。
（3）主持人介绍到场的重要嘉宾，并对他们表示谢意。

3. 致辞

（1）致辞者依次为东道主单位的代表、上级主管部门的代表、合作单位的代表等。
（2）致辞内容要言简意赅，并富有鼓动性。

4. 进行剪彩

（1）主持人宣布进行剪彩。
（2）礼仪小姐率先登场，有的拉直彩带，有的站在彩带后1米左右举好托盘。
（3）剪彩者上台剪彩。
（4）全体人员热烈鼓掌。
注：必要时还可奏乐或燃放鞭炮。

5. 剪彩后的活动

剪彩后，主人应陪同来宾参观，还可向来宾赠送纪念性礼品，或设宴款待来客。

实操演练

1. 实操背景

你所在的日用品公司刚刚成立,要举行开业剪彩仪式,作为商务助理需负责准备剪彩用具。

2. 实操步骤

根据需要准备剪彩用具。

3. 模拟时间

1个课时。

4. 参与人数及方式

3~5人组成一个小组,可共同也可个人独立完成剪彩用具的准备工作。

5. 效果要求

学员熟练掌握剪彩仪式需要准备的用具。

练 习 题

一、单项选择题

1. 在签字座次排列方式中,( )是举行双边签字仪式时最常见的形式。
   A. 并列式　　　B. 相对式　　　C. 主席式　　　D. 围坐式
2. 在签字仪式饮酒庆贺中,所饮用的酒水为( )。
   A. 葡萄酒　　　B. 香槟酒　　　C. 白酒　　　　D. 啤酒
3. 在礼仪小姐的分类中,为剪彩者提供剪刀、手套等剪彩用品的属于( )。
   A. 迎宾者　　　B. 引导者　　　C. 服务者　　　D. 托盘者
4. 在庆典活动中,"当本单位建立集团、确立新的合作伙伴、兼并其他单位等",属于( )。
   A. 成立周年庆典　　　　　　　B. 荣获荣誉的庆典
   C. 取得显著发展的庆典　　　　D. 取得重大业绩的庆典

二、多项选择题

1. 庆典活动的类别有( )。

A. 成立周年庆典　　　　　B. 荣获某项荣誉的庆典
C. 取得重大业绩的庆典　　D. 取得显著发展的庆典

2. 举行签字仪式，是对谈判成果的一种（　　）。
A. 公开化　　B. 固定化　　C. 系统化　　D. 文字化

3. 在剪彩仪式上服务的礼仪小姐，又可分为（　　）。
A. 迎宾者　　B. 引导者　　C. 服务者　　D. 托盘者

4. 庆典所具有的（　　）的特色，应当在其具体内容的安排上得到全面的体现。
A. 热烈　　B. 欢快　　C. 隆重　　D. 热闹

三、是非判断题

1. 在签字仪式饮酒庆贺中，所饮用的酒水应为葡萄酒，这是为了增加签字仪式的喜庆色彩。（　　）
2. 商界各单位所举行的各类庆祝仪式都有一个最大的特色，那就是要务实而不务虚。（　　）
3. 庆典是一种庆祝活动的形式，所以应以庆祝为中心，每一项具体活动都尽可能组织得热烈、欢快而隆重。（　　）
4. 邀请宾客的请柬应在典礼前10天发出，并进行电话落实。（　　）

四、简述题

1. 请简述庆典活动的类型。
2. 请简述签字仪式的意义。

参考答案

一、单项选择题

1. A　2. B　3. D　4. C

二、多项选择题

1. ABCD　2. ABCD　3. ABCD　4. ABC

三、是非判断题

1. ×　2. √　3. √　4. ×

四、简述题

略。

岗位职责七
安排商旅活动

基础技能要点

收集商务洽谈资料
确定旅行用品
订房订票

核心技能要点

准备旅行计划和旅馆信息
安排差旅费
联系旅行社
预订旅馆
检查飞机票
检查火车票

工作任务一　做好充分的旅行准备

小C：　李总下周有一次到纽约的商务旅行。
老C：　你要一起去吗？
小C：　不用，公司在那边有分公司，有人负责接待。
老C：　你还是需要为李总做好旅行准备的。
小C：　需要做些什么准备呢？
老C：　比如，收集商务洽谈资料，申请预支差旅费表，给行李做标签等。
小C：　还需要查询纽约的天气情况吧？
老C：　对，可以告诉李总纽约当地的天气情况，让他准备好适当的衣物。
小C：　我马上回办公室去准备，先失陪了。
老C：　好的，再见！

基础知识

商务旅行是企业运作的一项重要内容，它既是指上司的商务旅行，也包括商务助理的公务旅行。

如果有些工作无法交给另外一座城市或国外临时办公室的助手处理，商务助理最好与上司一起旅行。

一、旅行安排

一般来讲，商务助理去的地方和时间已由上司规定好。在有些情况下，可以和上司坐一样的车，住同样的旅馆；在其他情况下，你不一定所有地方都去，或者在某些地方待的时间要短些。

二、设备安排

大酒店都有网络通信设备供旅行者使用。此外,你的公司也许在你去的城市有分公司,你可以安排使用那里的设备。

三、行为举止

商务旅行的目的就是做生意。或许有自由支配的时间,可以购物、观光、看戏,但要记住,主要是为了工作。每天都有可能忙于为上司收集信息、制订以后的旅行计划、做会议记录、为上司整理旅行档案、准备和处理信件等。

实操过程

第一步 准备旅行计划和旅馆信息

准备一份旅行计划,说明出发和到达地点,是乘飞机还是乘火车,出发和到达的日期和时间、座位情况、租车情况及旅馆情况。在准备旅行和旅馆信息时,有以下几项需要注意:

(1) 旅行计划最好准备3份,1份给上司、1份给其家人、1份给办公室存档。如果公司还有其他人需要,额外再准备一份。

(2) 建立自己的旅行、旅馆信息资料库。

(3) 办公室最好收集一些交通图、列车时刻表和航空时刻表,以便解决一些如"从北京飞深圳一般需要多少时间"之类的一般问题。

(4) 若你的上司经常旅行,可以考虑购买一本介绍旅行的书,或者到图书馆查一查众多的目录和旅行指南,看看哪些信息对你最有用。

(5) 列车时刻表和票价总是在不断变化,最好还是与公司旅行部或旅行社联系,或者上网查找最新信息。

【范本】

旅行计划表

	日期	时间	地点	备注
出发				
到达				

续表

交通方式	□火车	□飞机	□轮船	□汽车
租车情况				
旅馆情况				

第二步 制订约会计划

为上司的旅行准备一份约会安排表，表中应包括：城市名（如果是国外旅行，写明城市名和国家名），日期和时间，与上司约会者的姓名、公司和地址，电话号码及任何需要特别提醒的事情。

【范本】

约会安排表

约会者情况	姓名	电话号码	公司名称
国家名			
城市名			
约会地点			
特别事情			

> **老C提醒：**
> （1）如果上司与某位准备洽谈业务的人以前见过面，则要记下以前见面的情景。
> （2）根据旅行的目的、要求，为上司准备随身携带的各种文件，如谈判合同、有关资料、演讲稿等。
> （3）必要的时候还需准备一份旅游目的地地图或风土人情、礼节、商业活动的书面介绍。

第三步 收集商务洽谈资料

商务助理需要给上司收集商务洽谈的资料，把上司旅行中将处理的每一个问题的文件准备好，如与某项要探讨的问题有关的信件、备忘录及其他相关资料。

> **老C提醒：**
> 所有相关的文件可以用橡皮筋或大号回形针扎在一起，每一扎文件都要标得清清楚楚。

第四步　确定旅行用品

作为商务助理，需要帮上司把工作需要的旅行用品准备好，比如信笺、信封和文具用品。

> **老C提醒：**
> (1) 办妥旅行中必备的各种手续，如护照、身份证、信用卡等。
> (2) 办理旅行保险，如意外伤害险等。
> (3) 同时别忘了相应事务，如随身携带微型录音机、文件夹等工具。
> (4) 旅行前将自己外出时的工作代交他人处理，并将手头未完成的事项记在备忘录上，以便旅行回来继续完成，而不至于遗忘或疏忽。

第五步　安排差旅费

有些公司为出差人员提供预支差旅费，有些公司等出差回来后报销。作为商务助理，在收到上司的有关出差信息时，就可以填表申请提取预支差旅费。

【范本】

预支差旅费申请单

编号：　　　　　　　　　　　　　　　　　　　　　　　　年　月　日

姓名		拟搭乘交通工具种类	
出差地点与事由			
拟出差日期			
拟借支金额	人民币（大写）　仟　佰　拾　元整		申请人签章

【范本】

差旅费请领单

年 月 日

起至地点：	自　　　　经　　　　至
出差日期：	月　日至　月　日共　天
事由：	

月	日	项目	摘要	金额
		合　计		

附：单据　　张

总经理：　　　　　部门主管：　　　　　出差人：

老C提醒：

在填写好预支差旅费申请单后，要请上司签字。当上司签字之后，将申请单交给财务处及相关领导批准，获准之后填写差旅费请领单领取差旅费。

实操演练

1. 实操背景

你所在的香水公司经理即将到法国巴黎进行商务旅行，与巴黎某香水公司的负责人进行洽谈，作为经理商务助理需要到财务处去预支差旅费。

2. 实操步骤

(1) 到公司财务处领取一份预支差旅费申领单并填写完整。
(2) 将申领单交给经理签字,交给财务处及相关领导批准。
(3) 获准后再到财务处填写差旅费请领单领取差旅费。

3. 模拟时间

1个课时。

4. 参与人数及方式

3~5人组成一个小组,分别扮演公司领导、经理、财务处工作人员、商务助理进行一次演示。

5. 效果要求

学员熟练掌握预支差旅费的过程及相关事宜。

工作任务二 订房订票

小C: 怎样订房订票呢?

老C: 你可以找旅行社,他们有一整套的服务。

小C: 我以前还没有订过,不知道哪一家比较好。

老C: 你可以在网上查询相关的信息,现在网络快捷,你可以充分利用。

小C: 还需要与旅行社的工作人员进行电话联系吗?

老C: 这就看你自己决定了,如果网上说不清楚,最好打电话咨询。对了,订好之后你还要进行再次确认。

小C: 再次确认? 为什么啊?

老C: 确保万无一失啊,要将所有的信息重新核对一遍,以免出现失误。

小C: 好的,我知道了。

基础知识

现今的公司主管人员一般都乘飞机旅行，但有时也只能乘火车。在开始预订工作之前，不但要弄清楚上司的目的地，而且还要知道他们喜欢使用的交通工具及公司的相关规定。

不管你找的是外面的旅行社还是公司内部的旅行部，订票和订旅馆时都需要掌握以下信息：

(1) 目的地。
(2) 合适的启程时间（上午、下午、傍晚或者夜间）。
(3) 喜欢的交通工具（飞机、火车或者汽车）。
(4) 希望的座位等级（如头等舱）。
(5) 是否需要租车和租什么样的车。
(6) 是否需要往返交通服务。
(7) 到目的地后希望住什么样的旅馆和房间。
(8) 特殊旅行或目的地要求（如远程通信设施）。

> **老 C 提醒：**
>
> 有时候公司希望员工乘坐特定的航班，若你的上司准备去的城市有好几次航班，你就要把主要的列出来并标上出发及到达的时间，然后交给上司来决定哪次航班最合适。在有些情况下，坐火车也许更方便、更舒服。若是这样，就要准备一份火车时刻表，标明出发和到达的时间、走哪条线及购买火车票的情况。如果计划中的旅行有好几段行程，可把每段行程的情况各写一份。这种信息对预订工作很有帮助作用。在旅行计划上也可列出到达城市几家大的汽车租赁公司，以方便租赁。

实操过程

第一步　联系旅行社

上司进行商务旅行常常需要商务助理帮助他们作出旅行安排，做好出席会议和与别人接触的准备。为上司作商旅安排时，必须问清楚是否有你想要的那种服务。

大多数旅行社都可以代订机票、制订旅行计划、安排旅馆住宿、在目的地安排租车，还可以提供许多其他服务，如帮你在国外找到导游和翻译等。

当你请求一家旅行社为你的上司安排旅行时，需要说清楚以下事项：

（1）有多少人及他们的姓名、年龄、性别。

（2）他们想去哪里、出发和返回日期、旅行方式、旅行级别以及大概要花多少钱。

根据以上信息，旅行社就能告诉你根据你的预算可以安排什么级别的旅行、坐什么飞机或轮船以及在国内和国外坐什么样的火车或住什么样的旅馆等细节。

（3）告诉旅行社你上司的特殊需要，比如以下几种情况：

1）身体健康问题。

2）飞机座位的喜好。

3）旅行期间饮食要求。

4）喜欢早到还是晚到。无论多么细微的要求，都不要忽略。因为旅行社代办人的工作之一就是回答问题，并帮助旅行者把旅行安排得尽量符合旅行者的要求。

第二步　订票

1. 备齐材料

> **老C提醒：**
>
> 不管是与公司内部旅行部打交道还是与外面的旅行社打交道，办理预订机票手续之前材料一定要备齐。联系时应记下对方姓名，同时告之以自己的姓名，如需再打电话弄清楚旅行计划的任何疑点，应找对方同一个人。

（1）需要提供的信息。解释清楚你想订什么样的飞机票并提供所需信息：

1）出发地点和到达地点。

2）预计出发日期和时间、航班号（如果知道）。

3）希望的舱位等级。

（2）有关折扣机票的情况。航空公司可能会提供特价国内飞机票或游览票（票价优惠的回程票）。如果你想购买这种票，必须问清楚。

（3）有关中途停留的情况。如果上司准备旅行中途停留几次，或者不得不作短暂停留，需要告诉旅行社下列信息：

1）中途停留各站到达和离开的大约时间。

2）中途停留各站的膳宿要求。
3）请旅行社代办订票、租车及往返接送。

2. 核对预订时提出的要求

（1）检查飞机票。如果是飞机票，需检查的项目有：
1）航班号是否正确。
2）出发时间是否符合要求。
3）飞机是否在你预想的机场起飞。
4）到达目的地是否是你上司想去的城市。
5）预订的机票是否你预想的航班。
6）机票是否完整无缺。

老C提醒：

　　为防止机票丢失，可以订电子票，到时候只需要提供身份证件就可以去机场领取机票。出发之前，与航空公司再次确认行程，以确保万无一失。

（2）检查火车票。检查火车票和检查飞机票差不多，需要检查的项目有：
1）火车出发日期。
2）火车出发时间。
3）火车到达目的地。
4）火车车次。
5）铺位是否是要想预订的。
6）火车到达的火车站。
7）火车票是否完整无缺。

第三步　预订旅馆

1. 预订时提供的信息

（1）住旅馆者的姓名。
（2）抵达时间。
（3）大概的离开时间。
（4）需要预订怎样的房间。
（5）有无特殊要求，如健身设施或者通信设施。

> **老 C 提醒：**
> 商务助理需提前询问旅馆的结账时间，在上司旅行之前，把结账时间记在备忘录里面。若直接跟旅馆的某个人联系，弄清楚这个人的姓名和预订号码，以备进一步做预订联系。

2. 取消预订

（1）若预订需要有保证或者确定，你要事先声明，这样旅馆就会在第二天结账时间之前一直把房间留着。

（2）取消预订，一定要在 18：00 之前打电话（旅游胜地往往是 16：00），否则那天晚上要收费。

（3）索要一张取消号码存档。

3. 房间的选择

即使上司没有要求，在预订房间时，也要注意以下事项：
（1）最好要求靠近电梯或者在大厅的中间而不是在尽头。
（2）尽量不要住一楼。
（3）旅馆具有足够的安全保障，如旅馆为顾客提供停车、电话号码保密服务等。

> **老 C 提醒：**
> 旅程结束后，作为商务助理，应做好如下工作：
> （1）整理好所有的费用单据，经上司审核签字后向财务部门报销。
> （2）返回企业之日应将旅行过程以及有关事务写成工作报告（如有上司旅行，则依据原始记录整理出报告），择日向上司递交或口头汇报。
> （3）恢复正常工作和生活状态，继续完成旅行前未完成的工作。
> （4）将旅行中结识的客户关系做好整理和记录，以便将来有用。
> （5）分别去函、去电向旅行过程中给予你和上司帮助过的相关人士表示谢意。

实操演练

1. 实操背景

你所在的汽车公司销售经理将于 9 月 18 日到伦敦做一次商务旅行，作为商务助理需要预订双程飞机票。

2. 实操步骤

(1) 联系旅行社,是否提供预订机票服务。

(2) 如有,则告知所需机票要求,没有则在票务公司预订。

(3) 确认飞机票相关信息。

3. 模拟时间

1个课时。

4. 参与人数及方式

3~5人组成一个小组,分别扮演旅行社工作人员和商务助理,共同完成飞机票的预订。

5. 效果要求

学员熟练掌握预订飞机票的程序以及对飞机票的检查工作。

练 习 题

一、单项选择题

1. 商务旅行的目的是( )。

   A. 做生意　　　B. 购物　　　C. 观光　　　D. 其他

2. 旅行计划最好准备( )。

   A. 1份　　　　B. 2份　　　　C. 3份　　　　D. 4份

3. 现今的公司主管人员一般都乘( )旅行。

   A. 飞机　　　　B. 火车　　　　C. 汽车　　　　D. 轮船

4. 在预订中,若要取消预订,一定要在( )之前打电话,不然那天晚上要收费。

   A. 18:00　　　B. 19:00　　　C. 20:00　　　D. 21:00

二、多项选择题

1. 旅行计划的内容有( )。

   A. 出发和到达日期、时间和地点　　B. 交通方式

   C. 租车情况　　　　　　　　　　　D. 旅馆情况

2. 在进行旅馆预订时,需要提供的信息有( )。

   A. 住旅馆者姓名　　　　　　　　　B. 抵达时间

   C. 大概的离开时间　　　　　　　　D. 需要预订怎样的房间

E. 有无特殊要求，如健身设施或者通信设施

3. 约会安排表的内容有（　　　）。

　　A. 城市名　　　　B. 日期和时间　　C. 约会者的情况

　　D. 约会地点　　　E. 特别事情

4. 在准备旅行和旅馆信息时，应注意的事项有（　　　）。

　　A. 最好准备3份旅行计划

　　B. 建立自己的旅行、旅馆信息资料库

　　C. 办公室最好收集一些交通图、列车时刻表和航空时刻表

　　D. 可以考虑购买一本介绍旅行的书，或者利用图书馆查一查众多的目录和旅行指南

　　E. 最好还是与公司旅行部或旅行社联系，或者上网查找最新信息

三、是非判断题

1. 商务旅行是企业运作的一项重要内容，它既是指上司的商务旅行，也包括商务助理的公务旅行。　　　　　　　　　　　　　　　　　　　　　（　　）

2. 现今的公司主管人员一般都乘火车旅行，但有时也乘飞机。　　　（　　）

3. 商务旅行的目的就是观光旅游。　　　　　　　　　　　　　　　（　　）

4. 取消预订时一定要在18：00之前打电话，不然那天晚上要收费。（　　）

四、简述题

1. 请简述订票和订旅馆应掌握的信息。

2. 请简述旅程结束后，应做好哪些工作。

参考答案

一、单项选择题

1. A　2. B　3. A　4. A

二、多项选择题

1. ABCD　2. ABCD　3. ABCDE　4. ABCDE

三、是非判断题

1. ×　2. ×　3. ×　4. √

四、简述题

略。

商务助理岗位就业实训考核模拟试卷（一）

考 生 注 意 事 项

1. 本试卷分Ⅰ卷和Ⅱ卷，满分为150分，考试用时150分钟，考试结束后将试卷、答题卡一并交回。
2. 答卷前，考生务必用黑色签字笔将自己的姓名、性别、年龄、证件号码、考试所在地填写清楚。
3. 请仔细阅读各题目后回答问题，答案须填写在统一规定的答题卡相对应的位置。

Ⅰ 卷

一、单项选择题（本大题共20个小题，每小题1分，共20分）

1. 下列属于企业外部信息内容的是（　　）。
   A. 生产　　　B. 客户反馈信息　　C. 产品样本　　D. 财务

2. 在视听设备中，（　　）传声器适合那些自信的演讲人。
   A. 台式　　　B. 便携式　　C. 有线颈挂式　　D. 无线颈挂式

3. 在下列四种会议类型中，（　　）主要用于邀请特殊群体。
   A. 现场会议　　　　　　　B. 本地非现场会议
   C. 外地现场会议　　　　　D. 外地非现场会议

4. 在展销会的宣传工具中，（　　）主要用于邀请特殊群体。
   A. 个人请柬　　　　　　　B. 打电话
   C. 直接写信　　　　　　　D. 展前做广告的媒体

5. 在商务谈判中，（　　）的优点为快速、方便、联系广泛，不需等待。
   A. 面对面谈判　B. 电话谈判　　C. 函电谈判　　D. 网上谈判

6. 在开局方式中，下列属于提出书面条件并作口头补充方式优点的是（　　）。
   A. 可以根据情况变化来改变条件　　B. 可以见机行事
   C. 可充分利用感情因素建立个人关系　D. 有很大的灵活性

7. 在谈判磋商策略中，（　　）策略既可以达到尊重对方的目的，使对方感觉到自己是谈判的主角和中心，又可以使自己摸清对方底细，取得主动权。
   A. 投石问路　　B. 避免争论　　C. 声东击西　　D. 最后通牒

8. 在签字仪式中，下列属于一般合同举行地点的是（　　）。

A. 度假村 B. 休闲胜地
C. 风景名胜区 D. 举行宴会的饭店
9. 邀请记者时，邀请的时间一般提前（　　）为宜。
A. 1天 B. 2天 C. 3天 D. 3~5天
10. 在谈判答复的技巧中，已方不应有问必答，而应有选择性地回答，对其他问题则可采取装聋作哑、听而不闻、不着边际等方式搪塞过去。属于（　　）。
A. 局部作答 B. 含糊应答 C. 答非所问 D. 有偿作答
11. 下列属于企业内部信息的是（　　）。
A. 企业与协会 B. 上级部门 C. 销售 D. 手册
12. 下列各项中，属于文件资料内容的是（　　）。
A. 电话留言 B. 计算机 C. 杂志中的照片 D. 联络地址
13. 下列属于访谈调查优点的是（　　）。
A. 成本低 B. 调查范围广 C. 信息处理方便 D. 反馈及时
14. 按照行业、地区、交货期、产品规格进行分类的是（　　）。
A. 销售预测表 B. 客户订单 C. 销售汇总表 D. 存货统计表
15. 在商务会议费用中，（　　）是主要的开支之一。
A. 交通费 B. 住宿费 C. 餐饮费 D. 会议室/厅费
16. 在布置会场中，（　　）能从心理上影响整个会议的效率。
A. 座次安排 B. 制冷、制暖系统
C. 室内噪声及分神之物 D. 照明
17. 以下四种会议中的最佳选择是（　　）。
A. 现场会议 B. 本地非现场会议
C. 外地现场会议 D. 外地非现场会议
18. 在常用的视听设备中，（　　）方式最适合用在点子大会上捕捉新思想。
A. LCD投影仪 B. 录像机 C. 悬挂式投影仪 D. 活动挂图
19. 在展销会的宣传中，（　　）是很多企业的共同选择。
A. 个人请柬 B. 打电话
C. 直接写信 D. 利用媒体进行宣传
20. 在展销方式中，（　　）易于搬运，通常是耗资最少的一种展销。
A. 模块式展销 B. 自动式展销 C. 摆在桌上展销 D. 面板式展销

二、多项选择题（本大题共10个小题，每小题2分，共20分）
1. 商业秘密的特征是（　　）。
A. 非公开性 B. 价值性 C. 保密性 D. 实用性
2. 泄密的途径主要有（　　）。
A. 计算机 B. 在学术会、招聘会上的对外交流
C. 文件 D. 员工办公区

3. 在座次安排模式中，强调主要人物的重要性的有（　　）。
   A. U 形结构体　　　　　　B. 工作群体型
   C. 双 L 形结构体　　　　　D. 阶梯式结构体
4. 在展销会的宣传工具中，运用（　　）的方式可以直接给参观者写信。
   A. 明信片　　B. 信件　　C. 发传真　　D. 电子邮件
5. 在商务谈判中，下列属于电话谈判缺点的是（　　）。
   A. 费用高　　B. 有风险　　C. 时间紧　　D. 误解较多
6. 在谈判中，反问的作用是（　　）。
   A. 加重语气　　　　　　　B. 要求说明问题
   C. 争取时间考虑问题　　　D. 拖延
7. 处理报价与还价之间的巨大差距的方法为（　　）。
   A. 由己方报价取代对方不实际的报价
   B. 对对方报价附加条件进行限制
   C. 建议对方放弃此问题上的报价，改由在其他问题上报价
   D. 对方"漫天要价"，己方"就地还价"
8. 在进行旅馆预订时，需提供的信息有（　　）。
   A. 住旅馆者的姓名　　　　B. 抵达时间和大概离开的时间
   C. 需要预订怎样的房间　　D. 有特殊要求，如通信设施或健身设施
9. 按常规，剪彩者应着（　　）。
   A. 套装　　B. 套裙　　C. 制服　　D. 便装
10. 举行庆典时，庆典的场面和出席者的情绪都体现出（　　）的气氛，才能最终实现庆典的宗旨。
    A. 红火　　B. 热闹　　C. 欢愉　　D. 喜悦

三、是非判断题（本大题共 10 个小题，每小题 1 分，共 10 分）

1. 问卷调查的缺点是，调查需要大量的人员投入，成本比较高。（　　）
2. 在竞争者的调查中，供应商、客户、替代品、新加入的竞争者也是竞争存在的潜在威胁，而不仅仅局限于同行业间最类似的产品。（　　）
3. 外地现场会议费用高，所以一些特别会议（如销售会议）往往会采取这种方式。（　　）
4. 主持人在主持庄严、隆重的会议时，步速要放慢，每秒约 1～2 步之间。（　　）
5. 产品展示的最直接和最直观的方式就是将产品实体展现在客户的面前。（　　）
6. 接受必须在有效期内表示才有效力，过期接受或迟到接受，都无法律效力。（　　）
7. 一般来说，大宗商品和重要的机器设备均使用"销售确认书"。（　　）

8. 在报价原则中，对卖方来讲，开盘价必须是最高的。相应地，对买方而言，开盘价必须是"最低的"，这是报价的首要原则。（ ）

9. 在剪彩中，剪彩者的位次一般是：中间高于两侧，左侧高于右侧，距离中间站立者越远位次越低，即主剪者应居于中央的位置。（ ）

10. 在谈判答复的技巧中，反客为主就是当对方在谈判中运用投石问路的策略时，高明的谈判者绝不会轻易地就范，而会沉着冷静，因势利导，根据对方的问题反过来试探对方。（ ）

Ⅱ 卷

工作任务考核（本大题共 8 个小题，共 100 分）

1. 为了企业的长远发展，作为商务助理，不但要收集企业内部的信息，而且还要收集企业外部的信息。在实际工作中，你是从哪些方面着手收集外部信息的。（15 分）

2. 某公司×××年×月×日将在总部举行年度总结表彰大会，需要各部门经理和各分公司的领导及优秀人员参加。

请根据以上资料制作会议请柬。（12 分）

3. 某酒厂与一家省级区域销售代理商进行谈判。在谈判过程中，因价格问题使谈判未能顺利地进行。如果你是该厂的谈判代表，在谈判中，你会采取哪些策略使谈判顺利地进行？（15 分）

4．某光电公司将要在×月×日参加在江西举行的"2010海峡两岸国际光电产品博览会"。

如果你是该公司的商务助理，你会通过哪些方式做好参展前的宣传工作？（12分）

5．小陈是某服装厂的商务助理，为扩大生产，该厂将采购一批原材料。经双方谈判达成协议后，起草了一份采购合同，为防止合同中出现问题，要对合同进行审核。

请告诉小陈在审核合同时应注意哪些方面的问题。（12分）

6．某酒店刚刚成立，两天后将要举行开业典礼。请你帮其拟订典礼的程序。（14分）

7．你所在的企业在建厂周年纪念日将邀请社会各界人士来参观，在举行开放参观活动前，你应做好哪些准备工作？（10分）

8．你的上司下周一将要去美国纽约进行商务旅行，在订票和订旅馆时，你需要掌握哪些信息？（10分）

参考答案

Ⅰ 卷

一、单项选择题

1. C　2. B　3. A　4. A　5. B　6. A　7. A　8. D　9. D
10. A　11. C　12. A　13. D　14. B　15. B　16. A　17. B
18. D　19. D　20. C

二、多项选择题

1. ABC　2. ABCD　3. ACD　4. ABCD　5. BCD
6. ABC　7. ABCD　8. ABCD　9. ABC　10. ABCD

三、是非判断题

1. ×　2. √　3. ×　4. ×　5. √　6. √　7. ×　8. √
9. ×　10. ×

Ⅱ 卷

工作任务考核（本大题共 8 个小题，共 100 分）

1. 答：应从以下五个方面着手收集外部信息（考生需要简要阐述）：竞争者的调查、消费者调查、产业市场调查、营销渠道的调查、宏观环境调查。

2. 答：（根据以下格式填入具体内容）

请　柬

_____：

　　谨定于××××年×月×日在××大厦举行××会议，请届时光临。

_____有限公司
××××年×月×日

3. 答：可以灵活运用以下五个策略（需要针对具体内容展开分析）：投石问路策略、迂回策略、避免争论策略、声东击西策略、最后通牒策略。

4. 答：可以从以下四个方面着手（需要根据实际情况进行分析）：锁定宣传目标、了解参观者的需求、选择宣传工具、配备展销员。

5. 答：在审核合同文本时，从三个方面考虑：

（1）如果文本使用两种文字撰写，则要严格审核两种不同文字的一致性；

（2）如果使用同种文字，则要严格审核合同文本与协议条件的一致性。

（3）核对各种批件，包括项目批文、许可证、用汇证明、订货卡等，是否完备以及合同内容与各种批件内容是否一致。

6. 答：典礼的程序主要有以下七步（考生回答时需要对各个步骤简要阐述）：签到、宣布典礼开始、宣布来宾名单、致贺词、致答谢词、揭幕、娱乐节目。

7. 答：要从以下五个方面进行准备（考生回答时需进行简要的阐述）：明确主题、选择开放时机、明确邀请对象、安排参观线路、确定参观内容。

8. 答：需要掌握以下信息：

（1）目的地。

（2）合适的启程时间（上午、下午、傍晚或者夜间）。

（3）喜欢的交通工具（飞机、火车或者汽车）。

（4）希望的座位等级（如头等舱）。

（5）是否需要租车和租什么样的车。

（6）是否需要往返交通服务。

（7）到目的地后希望住什么样的旅馆和房间。

（8）特殊旅行或目的地要求（如远程通信设施）。

商务助理岗位就业实训考核模拟试卷（一）答题卡

考试成绩_____

Ⅰ 卷

一、单项选择题（本大题共 20 个小题，每小题 1 分，共 20 分）

1. _____ 2. _____ 3. _____ 4. _____ 5. _____
6. _____ 7. _____ 8. _____ 9. _____ 10. _____
11. _____ 12. _____ 13. _____ 14. _____ 15. _____
16. _____ 17. _____ 18. _____ 19. _____ 20. _____

二、多项选择题（本大题共 10 个小题，每小题 2 分，共 20 分）

1. _____ 2. _____ 3. _____ 4. _____ 5. _____
6. _____ 7. _____ 8. _____ 9. _____ 10. _____

三、是非判断题（本大题共 10 个小题，每小题 1 分，共 10 分）

1. _____ 2. _____ 3. _____ 4. _____ 5. _____
6. _____ 7. _____ 8. _____ 9. _____ 10. _____

Ⅱ 卷

工作任务考核（本大题共 8 个小题，共 100 分）

1. _____ 2. _____ 3. _____ 4. _____
5. _____ 6. _____ 7. _____ 8. _____

商务助理岗位就业实训考核模拟试卷（二）

考 生 注 意 事 项

1. 本试卷分Ⅰ卷和Ⅱ卷，满分为150分，考试用时150分钟，考试结束后将试卷、答题卡一并交回。
2. 答卷前，考生务必用黑色签字笔将自己的姓名、性别、年龄、证件号码、考试所在地填写清楚。
3. 请仔细阅读各题目后回答问题，答案须填写在统一规定的答题卡相对应的位置。

Ⅰ 卷

一、单项选择题（本大题共20个小题，每小题1分，共20分）

1. 下列属于问卷调查的优点的是（　　）。
   A. 反馈及时　　　　　　　B. 被拒绝的可能性小
   C. 获取更多便于处理的信息　　D. 成本低
2. 在视听设备中，（　　）传声器适合那些手爱出汗，讲话时手不知该放何处的人。
   A. 台式　　　　　　　　B. 便携式
   C. 有线颈挂式　　　　　D. 无线颈挂式
3. 在下列会议的类型中，（　　）能够最简便、快捷地组织并且花费少、效率高。
   A. 本地非现场会议　　　B. 外地现场会议
   C. 外地非现场会议　　　D. 现场会议
4. 在建造展厅的方案中，可以对设计过程进行监控，并且降低运费的是（　　）。
   A. 国内设计，国内建造
   B. 国内设计，国外建造
   C. 国外设计，国外建造
   D. 展厅租赁现成场地，自己设计图案和标记
5. 在商务谈判中，（　　）的缺点是容易被对方了解己方的意图、决策时间短、费用高。
   A. 面对面谈判　　　　　B. 电话谈判

C. 函电谈话 D. 网上谈判

6. 在谈判磋商的策略中，（ ）策略是借助人的心理定式来发挥作用的。
   A. 投石问路 B. 避免竞争
   C. 声东击西 D. 最后通牒

7. 主持人在主持庄严隆重的会议时，步速每秒约（ ）。
   A. 1 步 B. 1~2 步
   C. 2 步 D. 3 步

8. 在开放参观的类型中，产品推广会属于（ ）。
   A. 专题性参观 B. 常规性参观
   C. 特殊性参观 D. 一般参观类型

9. 在签字仪式座次的安排中，（ ）主要适用于多边签字仪式。
   A. 主席台式 B. 并列式
   C. 相对式 D. 围坐式

10. 在谈判答复的技巧中，当谈判对手提出的问题己方不好回答，或作出回答会带来某些风险与不利，而谈判对手又一再催逼己方作答，此时可采取（ ）。
    A. 局部作答 B. 含糊应答
    C. 答非所问 D. 拖延回答

11. 在商务谈判中，（ ）方式在国际贸易的商务谈判中使用最普遍、最频繁，但在国内贸易的商务谈判中则较少使用。
    A. 面对面谈判 B. 电话谈判
    C. 函电谈判 D. 网上谈判

12. 在谈判磋商中，（ ）策略是指己方为达到某种目的，有意识地将洽谈的议题引导到无关紧要问题上故作声势，转移对方注意力，以求实现自己的谈判目标。（ ）
    A. 投石问路策略 B. 迂回策略
    C. 声东击西策略 D. 避免争论策略

13. 在谈判磋商策略中，（ ）是利用情感因素去影响对方的一种策略。
    A. 投石问路策略 B. 迂回策略
    C. 含糊应答策略 D. 答非所问策略

14. 在谈判中如果对方所提的问题动机不明或问题很棘手，而对方又频频催问，己方不便表示拒答，则可以采用（ ）的方式。
    A. 局部作答 B. 含糊应答
    C. 拖延回答 D. 答非所问

15. 在赞助活动的类型中，（ ）能够有效地吸引公众的注意力，提高组织知名度。
    A. 赞助体育活动 B. 赞助文化事业

C. 赞助地方性的节日活动　　D. 赞助大型展览

16. 在赞助活动的类型中，（　）是国际公关事业关注的热点。

A. 赞助体育运动　　B. 赞助社会慈善和福利事业

C. 赞助特殊领域　　D. 赞助环保事业

17. 每逢工厂周年纪念日、传统节日或每月一次的定期开放参观等，属于（　）。

A. 主题参观　　B. 常规性参观

C. 特殊参观　　D. 一般参观

18. 一般来说，一次性赞助会全部的时间不应长于（　）。

A. 1小时　　B. 1.5小时

C. 2小时　　D. 3小时

19. 在签字座次排列方式中，（　）是举行双边签字仪式时最常见的形式。

A. 并列式　　B. 相对式

C. 主席台式　　D. 围坐式

20. 在签字仪式饮酒庆贺中，所饮用的酒水为（　）。

A. 葡萄酒　　B. 香槟酒

C. 白酒　　D. 啤酒

二、多项选择题（本大题共10个小题，每小题2分，共20分）

1. 在产业市场的调查中，商务助理需要尽可能收集本行业的（　）等方面的内容。

A. 发展　　B. 现状　　C. 趋势　　D. 行业生存条件

2. 在视听设备中，（　）传声器最适合边说边走且爱用手做动作的演讲人。

A. 台式　　B. 便携式　　C. 有线颈挂式　　D. 无线颈挂式

3. 在引导会议内容中，主持者要善于观察与会者的（　），并根据各类人员特点，区别对待，因势利导，牢牢掌握会议进程。

A. 性格　　B. 气质　　C. 素质　　D. 特点

4. 在商务谈判中，下列属于面对面谈判优点的是（　）。

A. 形式比较规范　　B. 较大的灵活性

C. 快速方便、联系广泛　　D. 内容比较深入细致

5. 网上谈判的优点是（　）。

A. 信息交流强　　B. 有利于慎重决策

C. 成本低　　D. 提高谈判效率

6. 入题谈判的方法有（　）。

A. 迂回入题　　B. 先谈细节，后谈原则性问题

C. 先谈一般原则，再谈细节　　D. 从具体议题入手

7. 在签字仪式中，下列属于重大合同举行地点的是（   ）。
   A. 饭店   B. 度假村   C. 风景名胜区   D. 休闲胜地
8. 签字仪式的意义（   ）。
   A. 举行签字仪式是对谈判成果的一种公开化、固定化、系统化、文字化
   B. 有关各方对自己履行合同、协议、条约所作出的一种正式承诺
   C. 标志着有关事项取得了重大的进展
   D. 消除了彼此之间的误会或抵触而达成了一致性见解的重大成果
9. 剪彩者多由（   ）所担任。
   A. 上级领导   B. 合作伙伴
   C. 社会名流   D. 员工代表或客户代表
10. 促成谈判的技巧有（   ）。
   A. 换位思考
   B. 寻找签订协议的新理由
   C. 减少谈判空间
   D. 从对方熟悉的、已有的经验的问题开始
   E. 多拟订几个协议方案

三、是非判断题（本大题共10个小题，每小题1分，共10分）

1. 访谈调查的优点是成本低，调查范围广，信息处理方便。（   ）
2. 商务会议的目的是发布一项新产品，回顾年度销售情况，或者是与顾客创建更好的关系等。（   ）
3. 现场会议能够简便、快捷地组织并且花费少、效率高。（   ）
4. 在会场的座次安排模式中，工作群体型模式的缺点是：削弱主要人物的重要性；减少与会者参考笔记或其他资料的可能性；记笔记比较困难。（   ）
5. 主持人在主持一些小型会议进行总结概括时，可以加入适当的手势，但动作幅度不能过大。（   ）
6. 还盘是指受盘人在接到发盘后，不能完全同意发盘人在发盘中所提的交易条件，为了进一步磋商，对发盘提出修改意见的一种表示。（   ）
7. 在开局策略中，坦诚法就是用与谈正题无关又无害的话题开场，促使谈判双方情感上的接近、融洽、实现开局目标的策略方法。（   ）
8. 在签字仪式座次安排方式中，相对式排座是举行双边签字仪式时最常见的形式。（   ）
9. 商务旅行的目的就是做生意。（   ）
10. 在谈判中，谈判之所以陷入僵局，一般是因为双方之间存在不可解决的矛盾。（   ）

Ⅱ 卷

工作任务考核（本大题共 8 个小题，共 100 分）

1. 作为一名商务助理，首先是要了解信息收集的基本方法，以便在工作需要时予以运用。在工作中，你采取了哪些基本方法？（5 分）

2. 小李是某电器公司新入职的商务助理，该公司×月×日将要举行新产品发布会。请你告诉小李在筹划会议时需要做的工作。（14 分）

3. 你所在的公司将要举行项目说明会，你作为会议的主持人，在会议中应如何主持？（14 分）

4. 某家电公司将要参加×月×日在某地举行的家用电器产品展销会，在展会前，首先要制定出展销会营销策略。如果你是该公司的商务助理，在制定营销策略时，应从哪些方面去考虑？（15 分）

5. 小王是某汽车公司的商务助理，该公司在下个月将要举行一次新闻发布会，在策划中，首先要确定新闻发布会的时间。在时间选择上，小王应注意哪些问题？（12 分）

6. 你所在的公司将赞助某贫困地区建一所希望小学，赞助活动由当地政府举办，你作为公司代表去参加此次活动，在赞助会结束后，你将如何处理会后事宜？（10 分）

7. 中秋将至，某食品公司将要采购一批食材，商务助理小周作为公司代表与商家进行谈判，在谈判进入最后的促成阶段，因一些细节问题使双方意见发生分歧，谈判暂时中止。请告诉小周在此阶段为速达成协议所应用的技巧。（15 分）

8. 你的上司下周将要去日本东京进行商务旅行，请准备好旅馆预订时所需要的信息。（15 分）

参考答案

Ⅰ 卷

一、单项选择题

1. D 2. A 3. D 4. B 5. A 6. D 7. C 8. D 9. A

10. C　11. C　12. C　13. B　14. C　15. B　16. D　17. B
18. A　19. A　20. B

二、多项选择题

1. ABCD　2. CD　3. ABCD　4. ABD　5. ABCD
6. ABCD　7. BC　8. ABCD　9. ABCD　10. ABCDE

三、是非判断题

1. ×　2. ×　3. √　4. ×　5. √　6. √　7. ×　8. ×
9. √　10. ×

Ⅱ　卷

工作任务考核（本大题共 8 个小题，共 100 分）

1. 答：主要采用访谈调查法和问卷调查法，其次还可以利用媒体收集、购买信息、在交谈中获取有用信息等。

2. 答：会议主题的策划、布置或检查会场、准备或检查会场的设施设备、了解和准备会场的茶水饮品、检查消防设施和安全通道、主席台人员座位的编排、参会人员的安排和登记情况、车辆和工作人员的安排、会后会场的善后工作等。（考生须根据实际情况进行简要的阐述）

3. 答：从确定主持风格、引导会议内容、掌握会议进程、创造会议气氛的角度进行作答，需要做必要的简述。

4. 答：参考岗位职责三中的表3—2，需要根据实际情况作简要的阐述。

5. 答：需要注意以下三点（需要做具体的阐述）：避免节假日、避免在上午较早或晚上、避开重大的政治或社会活动。

6. 答：虽然赞助会是由受赞助单位主持的，但是作为赞助单位，也是主人之一。在赞助会正式结束之后，赞助单位、受赞助单位双方的主要代表以及会议的主要来宾，通常应当合影留念。作为赞助单位，应当与受赞助单位稍事会晤，然后与来宾一一告辞。

7. 答案略（可参考岗位职责四中的工作任务二的第三步熟悉谈判技巧）。

8. 答：需要以下几个信息：住旅馆者的姓名、抵达时间、大概的离开时间、需要预订怎样的房间、有无特殊要求，如健身设施或者通信设施。（进行简要阐述）

商务助理岗位就业实训考核模拟试卷（二）答题卡

考试成绩_____

Ⅰ 卷

一、单项选择题（本大题共 20 个小题，每小题 1 分，共 20 分）

1. _____　　2. _____　　3. _____　　4. _____　　5. _____
6. _____　　7. _____　　8. _____　　9. _____　　10. _____
11. _____　12. _____　13. _____　14. _____　15. _____
16. _____　17. _____　18. _____　19. _____　20. _____

二、多项选择题（本大题共 10 个小题，每小题 2 分，共 20 分）

1. _____　　2. _____　　3. _____　　4. _____　　5. _____
6. _____　　7. _____　　8. _____　　9. _____　　10. _____

三、是非判断题（本大题共 10 个小题，每小题 1 分，共 20 分）

1. _____　　2. _____　　3. _____　　4. _____　　5. _____
6. _____　　7. _____　　8. _____　　9. _____　　10. _____

Ⅱ 卷

工作任务考核（本大题共 8 个小题，共 100 分）

1. _____　　2. _____　　3. _____　　4. _____
5. _____　　6. _____　　7. _____　　8. _____

CAC就业一体化服务平台

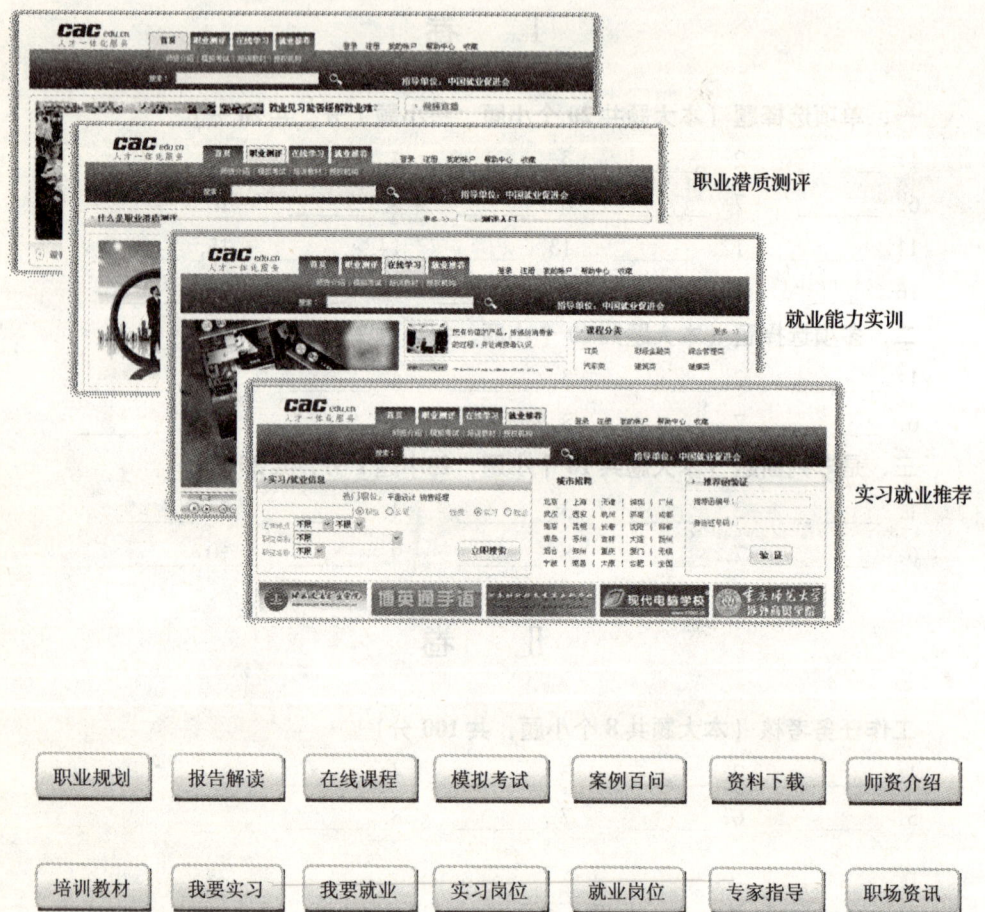

www.cacedu.cn